ドラッカー 5つの質問

Peter Ferdinand Drucker

トップマネジメント株式会社
代表取締役
山下 淳一郎

あさ出版

本書は、ドラッカー理論の核となる経営の最重要5大原則をまとめたものである。

まえがき

会社を永続的に成長させていくためにどうすればいいのか――。

成功とは挑戦の結果であって、幸運の結果ではない。成功を収めている企業とそうでない企業の違いはどこにあるのだろうか。

ドラッカーはこう言っている。

「成功を収めている企業は、『われわれの事業は何か』を問い、その問いに対する答えを考え、明確にすることによって成功がもたらされている」（『現代の経営』）

「われわれの事業は何か」を問うとは、わが社の事業はどうあるべきかを徹底的に考え抜き、わが社のあるべき姿を明らかにする、ということだ。経営者のそんな仕事の助けとなってくれるのが、「ドラッカー5つの質問」である。それは、経営者が「考えるべきこと」「決めるべきこと」「行うべきこと」が、問いかけの形でまとめられているものだ。
その中身は次のとおりだ。

第1の質問 われわれのミッションは何か
第2の質問 われわれの顧客は誰か
第3の質問 顧客にとっての価値は何か
第4の質問 われわれの成果は何か
第5の質問 われわれの計画は何か

「第1の質問 われわれのミッションは何か」は、何のための事業なのかを問いただしてくれる。「第2の質問 われわれの顧客は誰か」は、誰をお客様とすべきかを明らかにしてくれる。「第3の質問 顧客にとっての価値は何か」は、お客様にお応えするために何をやるべきかをはっきりさせてくれる。「第4の質問 われわれの成果は何か」は、お客様に起こる良い結果に向けて働く人を方向づけしてくれる。「第5の質問 われわれの計画は何か」は、事業の存続と繁栄に関わる重要なことに注意を向けさせてくれる。

5つの質問一つひとつの中に、さらに細かい質問がたくさんある。それらの問いに対する答えをつくり出していくことによって、結果として、優れた経営を行うに至る。

「ドラッカー5つの質問」は主語がすべて「われわれ」だ。主語が「われわれ」であるということは、これらの問いに対する答えは社長一人で考え込むものではなく、経営チームのメンバーと共に取り組むべきものであることを意味している。

さらに言えば、経営チームは答えを共有する前に、問いを共有しなければならない。そして同じに問いに対して、全員から同じ答えが出てくる状態にならなければならない。経営チームが一枚岩にならずして会社のさらなる成長はあり得ないからだ。

経営者の仕事は、今日の仕事をこなすことではなく、今日と違う未来をつくることだ。

ドラッカーはこう言っている。

「未来に何かを起こすには勇気を必要とする。努力を必要とする。信念を必要とする。その場しのぎの仕事に身をまかせていたのでは未来はつくれない」（『創造する経営者』）

「ドラッカー5つの質問」は思想ではない。行動を決定するものである。本書は、概念論の解説ではなく、何を決めなければならないかに重点を置いている。「一人で学ぶこと」と「チームで取り組むこと」はまったく違う。「ドラッカー5つの質問」は経営チームで取り組んでこそ効果がある。

私は多くの企業の経営チームに「ドラッカー5つの質問プログラム」を提供している。本書はその一部を紹介している。

本書は、御社の運命を変える。経営チームで「ドラッカー5つの質問」に取り組み、御社がさらに繁栄してくださることが本書の願いである。

山下　淳一郎

序章

われわれの事業は何か

第1の質問

われわれのミッションは何か

第2の質問

われわれの顧客は誰か

第3の質問

顧客にとっての価値は何か

第4の質問

われわれの成果は何か

第5の質問

われわれの計画は何か

序章

われわれの事業は何か

事業の危機は必ず来る

「わが社はこれまで順調に成長してきた。しかし、ここ何年か業績はずっと横ばいだ」

そんな声をよく聞く。

ドラッカーはこう言っている。

「事業の定義のなかには、長く生きつづける強力なものもある。だが、人間がつくるものに永遠のものはない。特に今日では、永続しうるものさえほとんどない。事業の定義も、やがては陳腐化し実効性を失う」（『未来への決断』）

あらゆるものが変化していく。変化しないものはこの世にない。

今の事業はいつか必ず成長する力を失う。それは理論上の話ではなく、すでに起こっている現実である。しかしどんな危機が襲ってこようとも、その危機が企業の運命を決めるわけではない。企業の運命を決めるのは経営者だ。

いま直面している危機は、厳しい選択を避け、事業が待ち受ける危機に対する準備を怠った結果と言える。

「そんなことは百も承知だ」。あなたはいまそう思われたかもしれない。

確かに、長い間やってきたやり方を変えることは簡単ではないし、どんな社長にも得手不得手、向き不向きの仕事がある。事業の立ち上げを得意とする起業家はマネジメントを得意としない。長期にわたる開発に基づいたマネジメントに強みをもつ人は激しい変化に適応する強みをもたない。安定した事業の運営に力を発揮する人は危機を打開する改革に力を発揮しない。しかし、経営者の得手不得手、向き不向きにかかわらず、事業の危機は必ずやってくる。繁栄し成長する企業とそうでない企業の違いは何だろうか。

ドラッカーはこう言っている。


「幸運、チャンス、災難が、事業に影響を与える。だが、運では事業はつくれない。

事業の機会を体系的に発見し、それを開拓する企業だけが繁栄し成長する」(『創造する経営者』)

会社を成長させていくためにはビジョンを描く意思が必要であり、事業を開拓する努力が必要だ。過去の成功を捨てて、事業に襲いかかる危機に向き合い、新しい挑戦をはじめなければならない。そして、新しい事業を起こしていかなければならない。

平行線をたどる議論

ドラッカーはこんな話を紹介している。

新しい事業を起こさなければならない時期に来ていた会社があった。社長は新しい事業を模索した末、2つのことを考えた。1つはアウトドアウェアで、もう1つはレストランだった。新しい事業をはじめることについては役員全員が賛成だった。ところが、役員の半分はアウトドアウェアに反対し、もう半分はレストランに反対だった。

アウトドアウェア反対派の言い分はこうだった。

「われわれは、食料品や家庭用品についてはかなり詳しい。われわれのお客様は主婦である。しかし、アウトドアウェアのお客様は若者だ。アウトドアウェアの事業をやるからにはファッションセンスが必要だ。アウトドアウェアはわれわれの得意な仕事ではない」

レストラン反対派の意見はこうだった。

「われわれがやってきたことは物を売ることだ。しかし、レストランはサービスが売りだ。快適な空間で美味しい物を提供し、お客様に喜んでもらわなくてはならない。レストラン事業はわれわれの得意な仕事ではない」

意見は2つに分かれた。その後も話は噛み合わず、平行線をたどったまま、時間だけが過ぎていった。

話が噛み合わないのは仲が悪いからではない。平行線をたどるのはコミュニケーション能力の問題でも、相手の反論に意地を張りたいからでもない。ただ「何をやるか」ということだけに終始すれば、話は噛み合わず、平行線をたどるのは当然だ。

さて、この会社はどんな決定に至ったのだろうか。

私たちは1つの正解が用意された問題集を解くという教育を経験してきた。その経験からか、私たちは物事には唯一正しい正解があるという思い込みから抜け出せない。正解があるのは問題集だけである。現実は試験問題のように1つの正解があるわけではない。経営には正解がないがゆえに、考えを決めなければならない。だから意思決定と言うのだ。

意思決定は、思惑どおりにいかない現実への挑戦と言える。ドラッカーはそんな賢察を暗に促すかのように、この会社がどんな帰着に至ったかについて言及していない。あえて言うならば、ドラッカーの答えは、〝「われわれの事業は何か」を問え〟である。

ドラッカーはこう言っている。

「あらゆる組織において、共通のものの見方、理解、方向づけ、努力を実現するには、『われわれの事業は何か。何であるべきか』を定義することが不可欠である」（『マネジメント』）

目的があって手段が決まる。「わが社が社会で実現したいことは何か」という共通の目的があってこそ、「何をやるか」という手段を決めることができる。組織は人の集まりではない。考え方の集まりだ。だから、共通の考えを創り出さなければならない。「何をやるか」を決めるのはそのあとだ。

反対方向に進む努力

社長は、自分のエネルギーを会社の推進力に変えるために、日々格闘している。やっつけてもやってつけても次から次へと生まれる問題に追われ、急ぎの仕事に対応する毎日が続く。社長は結論の出ない議論が我慢ならない。1秒でも早く結論を出したい。議論に埒が明かないと見るや、即断し、命令を下す。その社長の決定は誰にも止められない。

短い時間で結論を出せばその時は話が早い。しかし、社長が何から何まで決定を下すことによって、組織は重要なことについて話し合うということから遠のいていく。

社長と取締役が話し合い、わが社はどうあるべきかをはっきりさせなければどうなるのだろうか。

ドラッカーはこう言っている。

「トップマネジメントが、この問いについて徹底的に検討を行い、答えを出しておかなければ、上から下にいたるあらゆる階層の者が、それぞれ相異なる両立不能な矛盾した事業の定義に従って決定を行い、行動することになる。互いの違いに気付くことなく、反対方向に向かって努力を続ける。あるいは揃って間違った定義に従い、間違った決定を行い、間違った行動をする」(『マネジメント』)

社長と取締役が徹底的に話し合い、「これでいこう」という考えをはっきりさせなければ、お互いの考えの違いに気がつかないまま、それぞれが異なる物差しで仕事に当たることになる。部下は消化不良の考えを頭の中に保存しながら、帳尻合わせの行動をすることになる。目に見えない問題は取り上げられず、目に見える問題に振り回される。

重要なことを曖昧にしておけば事業は迷走する。潮の流れに飲み込まれ、事業は成長する力を失い、やがて事業の低迷が現実になることを許してしまう。努力は嘘をつかないという。それは、反対方向に向かって努力をすれば、反対方向に進むということだ。

考えの違いが明るみになる

私は以前、ある会社で社長の了解を得て、経営チームを編成した。最終決定者はもちろん社長だが、私は経営チームのリーダー役をさせてもらった。

その時のメンバーは多種多様だった。コンサルティング会社出身で戦略を担当する者、ＰＲ会社にいたマーケティング担当者、デザインを担当する製作者、システム開発をやってきた技術者、セールスの分野で活躍してきた営業マン、経営企画部で仕事をしてきたゼネラリスト、といった面々だった。そのメンバーは、政府機関にたとえるならば内閣を構成する大臣のようなものだ。それら各大臣の下に、開発本部、営業本部、管理本部といった部署を編成し、各本部に責任者を配置して事業を運営していた。「うちの会社のビジョンが見えない」「うちの会社の事業は何なんだ」、そんな不満が社員から出てくることだけは、何としても避けたかった。それは経営者として一番情けないことだからだ。

経営チームのメンバーは、それぞれ強烈な個性をもち、一筋縄ではいかない人間ばかりだったが、全員、人格、能力、協調性を備えていた。ところが、いざ「われわれの事業はどうあるべきか」ということについて話し合うと、面倒なことが起こった。

ドラッカーはこう言っている。

「この問いは、トップマネジメントのメンバー間に考えの違いがあることを必ず明るみに出す。長年ともに働き、考えを知っていると思っていた者たちが、突然、きわめて基本的なことで考えが異なることを知って愕然とさせられる」（『マネジメント』）

この会社では、経営チームで「ドラッカー5つの質問」に数年をかけて取り組んだ。お互い考えを知っていると思っていたが、それぞれ経験してきた分野と職種が違うがゆえに、物の考え方がまったく違っていたのだ。

取り組みはじめると、経営チームのメンバー間に考えの違いがあることが明るみになった。社長は頭が良く、人に対する配慮にも長けていた。言っている内容は教養と品位に溢れていたが口調は荒っぽかった。

それぞれの考えの違いに社長が

「俺はそんなことを言ってきた覚えはないぞ！」

「何年俺と一緒に仕事をしてきたんだ！」

と、腹を立てた場面に何回も遭遇した。きわめて基本的なことで考えが異なることを知って愕然とした。ドラッカーの言うとおりだった。

お互いの考えに違いがあることが明るみになること――。これこそが、「ドラッカー5つの質問」の最初に起こる成果である

共通の考えをつくる

ほとんどの社長が、経営チームのメンバー全員が自分と同じ考えでいることを当然のことのように思う。自分の考えと違うことが許せない。

社長は自分と異なる部下の意見に対して「〇〇に決まっているだろう」と性急に結論づけてしまう。部下にしてみれば、社長が結論を言った以上、何も言えない。部下は心の中で「〇〇のほうがいいと思うけどな」と思いながら、社長には「おっしゃるとおりです」と同調する。役職の上下関係がそうさせる。

意思の疎通を壊してしまうのはたいてい社長だ。こうして何から何まで社長が決めることが当たり前になり、会社は社長の指示命令だけの世界となる。本当に、それでいいのだろうか。

ドラッカーはこう言っている。

「ほとんどのマネジメントが、この対立を苦痛として回避しようとする。だが、『われわれの事業は何か』に答えることこそ、本当の意思決定である。しかも、意味ある有効な意思決定とは、多様な見解を基礎としてなされるものである」（『マネジメント』）

ほとんどの役員が、意見の衝突を避ける。当然だ。考えを否定し合うのは気持ちのいいものではないからだ。また、意見の食い違いは時として、互いに人格を否定されているかのような誤解に発展してしまうこともある。しかし、社長と取締役は正面衝突を避けてはいけない。いろいろな角度から考え、異なる意見を戦わせることによってはじめてより良い決定ができるからだ。

伸び悩む会社は意見の食い違いで問題が生まれる。伸びている会社は意見の食い違いで成果が生まれる。幸い私がリーダー役を務めていた頃の経営チームは、意見の食い違いで成果を上げることができた。

それは、当時の社長が「安易な同意」を排除し、「真摯な対立」を奨励してくれたお陰だ。そして経営チームのメンバーが、価値ある対立から逃げなかったお陰だ。

その時の経営チームはけっして仲が良いとは言えなかったが、力を合わせて仕事に当たることについては、全員がプロフェッショナルだった。

ドラッカーはこう言っている。

「組織はもはや権力によっては成立しない。信頼によって成立する。信頼とは好き嫌いではない。信じ合うことである。そのためには、たがいに理解しなければならない。たがいの関係について、たがいに責任をもたなければならない」（『明日を支配するもの』）

当時、私をはじめ経営チームのメンバーは、ドラッカーのそんな言葉は知らなかったが、互いの関係に責任をもつということは理解できていたように思う。だからこそ、個々の総和以上の総和をつくり出すことができた。全員が、仕事の向こうにある成功の喜びを知っていたからこそ、目の前の問題に埋没しなかった。そして共に成果を喜び合えた。それが仕事を楽しくさせた。

意見をぶつけ合ってこそ成功がある

事業の海外展開を試みた2つの会社があった。

都内にある某企業の社長は、経営会議で海外進出の方針を発表した。事業の海外展開は、社長の頭の中で温められてきた計画だったが、発表されたその日に決定をみた。特に、社長の考えに反対する者はいなかった。社長の言うとおりに動くことが無難というのが長年培われたその会社の文化だった。

海外事業の責任者に任命された役員はすぐに、その仕事に取りかかった。ところが2年過ぎても、具体的な進展はなかった。海外事業の担当に任命されたその役員は本来、「事業を進める決定者」だったが、実際に行っていたことは「関係者に意見を聞いて回るだけの調整役」にすぎなかった。「自分の意思で仕事を成し遂げる責任者」ではなく、「社長の指示に従う代理人」だった。

そうさせていたのは社長だった。事業が進むはずはなかった。すべては数字に反映される。その後、「いつになったら事業が立ち上がるんだ！」という言葉が、経営会議で言う社長の決まり文句になっていた。

もう1つの会社はこうだった。

経営チームのメンバーの一人が、経営会議でアメリカに進出することを提案した。チーム内は積極派と消極派の2つに分かれた。

積極派の主張はこうだった。「すでに経済はグローバル化している。海外展開をするかどうかという議論の余地はない。遅すぎたくらいだ。すぐにでも進めるべきだ」。

反対派の主張はこうだった。「市場も違う。国の規定もまったく違う。日本で売れているからと言ってアメリカで売れるとは限らない。それに日本の市場もフォローしきれていない。アメリカに拠点をつくる前に国内拠点を増やすべきだ」。

その後、決定に至るまで喧々諤々5カ月の時間を要した。しかし、アメリカに拠点をつくったあと、事業は急成長していった。海外事業を任されたその役員は「意志をもたない調整役」ではなく「チームを率いて事業を成功させるリーダー」だった。社長がそう仕向けていた。社長はその役員が縦横無尽に動けるよう、彼に明確な権限を与えていた。その会社の社長は後にこう述懐していた。「あの時、全員が安易に同意していたら、アメリカの進出は挫折していた。反対意見があったお陰で、前もって解決しておくべき課題を見つけ出すことができた」

前者と後者の会社の能力に大きな違いがあるわけではなかった。では、何が前者と後者の明暗を分けたのか。

ドラッカーはこう言っている。

「意見の対立を、問題に対する共通認識にまでもっていくことができれば、あとは連帯感と責任感をもたらすことは容易である」（『非営利組織の経営』）

意見を戦わせたかどうか、それが前者と後者の明暗を分けた。誰かが決めたことを実行するより、一緒に考えて決めたことを実行するほうが、実行に対する意欲が高いのは当然だ。最終的に共通の考えに立つことができれば、意見の対立から連帯感と責任感を生み出すことができる。

前者の会社は、社長の意のままに動く人間がいるだけだった。それに対して、後者の会社は、関係者全員に連帯感と責任感がもたらされていた。

優秀な人が何人いても、「頼まれればやる」という受け身の人間ばかりでは何も成し遂げられない。何も達成しようとしていない人は話を前に進めることはできない。「誰かがこうするべきだ」と組織の内部事情を語るだけだ。何かを達成しようとしている人は話が前に進む。「私はこうしたい」と生き生きと自分の意志を語る。意見をぶつけ合ってこそ、お互いの成功がある。

部下の声に耳を傾ける

社長の仕事は、「部下を動かすために命令をすること」ではなく、「命令がなくても部下が動けるようにすること」である。社長の役目は、命令を下すことではなく、合意の形成者となることだ。では、社長は具体的に何をすればいいのか。

ドラッカーはこう言っている。

「聞け、話すな、である」（『経営者の条件』）

事業の停滞を生む最大の原因は、社長の圧制と取締役の沈黙である。

社長の一方的な命令は取締役の思考を麻痺させる。しかし、共通目的に立った議論は取締役のエネルギーを解放する。取締役は、社長の強い命令に従わされて無難なことをするか、社長の善き意思に導かれて偉大なことをするかのどちらかだ。

社長は話し合う前から話し合いと遠いところにいる。話し合う前からすでに自分の結論をもっているからだ。一度、頭の主《ぬし》となった考えは変えづらい。実際、自分の考えと違う考えが部下から出てきた場合、社長は「そうではない、よく聞け」と言わんばかりに部下に説得をはじめる。話し合いは一瞬にして社長の独演会となる。

立場、役職、仕事、責任が違えば見えるものが違う。物事には死角がある。自分の肉眼で自分の背中を見ることができないように、一人の人間が認識できる範囲にはおのずと限界がある。生身の人間である以上、思い込みや間違いもある。

実際、部下の話をじっくり聞いてみると、「自分はそこを気にしていたのか」ということに気づくことができたり、自分が見落としていたものを見つけることができる。部下も理に合っていないことを言うはずがない。そこには社長の視界に映らないものが隠れているものだ。「なるほど、そういう背景があるとは知らなかった」と理解が深まり、「わかった、それならこうしよう」と、より適切な考えが生まれ、自分の結論が変わることもある。

ひとたび意思決定を間違えれば、会社を思いもよらない方向へ導いてしまう。「部下はなぜそう考えるのか」ということについて知っておいて損はない。

自分に見えていないものを残したまま何かを決定してしまうのと、自分に見えていないものを新たに知ったうえで決定するのとでは、その後の結果は大きく変わる。後者のほうがより精度の高い決定ができるのは当然だ。社長は、「部下に見えていて自分に見えていないもの」を知ることが必要であり、そのためには自分と違う考えに耳を傾ける姿勢が求められる。だから、「聞け、話すな」なのだ。

「聞け、話すな」と言っても、ドラッカーは「何も言うな」と言っているわけではない。「どんな考えで、どんな結果を望んでいるのか」といった大枠は示さなければならない。周りが困ってしまう。「どういう方法で行うのか」ということについて、徹底的に話し合うことが必要なのだ。

ところが、「どんな考えで、どんな結果を望んでいるのか」といったことは言わず、「こうやれ」と命令することが多い。部下の力を抑え込むのはたいてい上司である。社長はどんな結果を望んでいるのかを明示したうえで、「私はこう思うが、君たちはどう思うか」と問いかければ部下は考えてくれるし、意見を言ってくれる。何より部下が力を発揮してくれる。

あなたが取締役であれば、私はあなたにこう伝えたい。

「私」ではなく「われわれ」であり続けなければならない。それが取締役の役目だ。また、たとえ自分の考えに自信がなくても保守的になりすぎてはいけない。誰かが必ず補完してくれる。至らない点を突っ込むのではなく、至らない点を補うのがチームだからだ。

「発言すること」に責任を感じているかもしれない。しかし、「発言しないこと」にも責任はついて回る。あなたは成果を上げるために、自分の考えを理解してもらわなくてはならない。要求しなくてはならない。


あなたが社長であれば、私はあなたにこう伝えたい。

重要なことを最終的に決定するのはもちろん社長だ。しかし自分の考えが正しいと信じていても苛烈な説得はやめてほしい。社長のあなたに勝てる人は誰もいないからだ。話し合いの場では、それぞれが自分の意見を自由に発言できる状態になるまで、社長は発言を控えることをお薦めしたい。社長は、部下が成果を上げるために、部下の声に耳を傾けなければならない。まさに、「聞け、話すな」である。

実際、私は経営チームのリーダー役をさせてもらった時に、同僚のメンバーと上司である社長にそう伝えた。そして、わかってもらえた。社長にそれを話した時は足が震えた。

必要なのは会議より話し合い

伸び悩む会社は、他者の考えに蓋をして、つねに誰かが問題の火消し役に追われている。伸びている会社は、他者の考えに耳を傾け、つねにお互いが意欲の火つけ役となっている。後者のような状態にもっていくためには、どうすればいいのだろうか。

ドラッカーはこう言っている。

「『われわれの事業は何か』との問いは、異論を表に出すことに価値がある。それによって、互いに考えの違いを知ることが可能になる。互いの動機と構想を理解したうえで、ともに働くことが可能となる。逆に、事業の定義についての見解の相違が隠され、あるいは十分な理解がないことが、トップマネジメント内の感情的対立やコミュニケーションの齟齬の原因となっていることが少なくない」（『マネジメント』）

話し合いは、お互いの考えの違いを知ることに意味がある。

「こう考えるのはこうだからだ」と、お互いが、お互いの考えの背景にあるものを理解し合えば、「なるほど、そうだったのか！」ということになる。そして、「私はこう工夫する。だから、こうしてくれると助かる」「よし、わかった」というように、力を合わせることができるようになる。自分の考えを言わず、相手の考えも聞かず、お互いの考えの違いをそのままにしていることが、経営チームの仲違いを生んでいる。

自分の考えを、他人を貶めることによって確立する必要はない。私たちは、他人の考えを高めることによって、さらに自分たちの考えを高める道を選ぶことができる。

話し合いには、戦闘的な争いは不要でも建設的な対立は必要だ。ゆえに、「考えを否定し合う運営」から「お互いの考えを理解する運営」でなければならない。そして、「社長が自分の考えをわからせる運営」から「チームで考えをつくり出す運営」に変えていかなければならない。それは小手先ではない。全人格的な献身である。

さらに、ドラッカーはこう言っている。

「経営者が未来に対し十分な時間と思索を割いていないとは、よく聞く批判である。（中略）この批判は正しい。経営者は事業の未来について、もっと時間と思索を割かなければならない」（『創造する経営者』）

意見の食い違いが生まれるのは、お互いの考えを理解することに時間を使っていないからだ。じっくり話し合えば必ずわかり合える。問題は、話し合いという仕事があまりにも基本的で単純な行為なので、それをおろそかにしてしまうことだ。

技術の発達によってさまざまな通信手段が世に登場し、情報の共有は格段に便利になった。しかし、ＬＩＮＥやメールをはじめとする多様なツールでできることは「情報の共有」であって「意思の疎通」ではない。必要なのは、「形式的な会議」ではなく、「形式を取り払った話し合い」である。

チームは人間の集まりだ。心が通い合う話し合いがなければ、チームは一枚岩になりようがない。停滞している会社は心がバラバラで、何時間会議をやっても何も決まらない。そんな会社に限って一番多いのが、本人のいないところで「この人がこーだ、あの人があーだ」という言葉だ。話し合いの場がなければ必ずそうなる。

成長している会社は心が通い合っているから、会議は短時間ですむ。そんな会社で一番多い言葉は、関係者に直接、「お客様にこーしよう。お客様にあーしよう」。話し合いの場があるからそうなる。

私が経営チームの一人として仕事をしていた頃は、週に1回丸1日時間をとって話し合いをやっていた。だから事業は成長した。しかしその後、上場企業に移ったあとの経営チームは「われわれの事業は何か」を問うことはなかった。メンバー間の意思の疎通はなく、それぞれが日々の仕事をこなすだけだった。だから事業は低迷しはじめた。

話し合いの場がないことによる障害ははかりしれない。話し合いがあるかないかで組織の空気は変わり、その結果は必ず数字に現れる。

ミッションからスタートする

私と同じ失敗をしないために、今日にでも経営チームで申し合わせをして、来月からスケジュールの中に、意思疎通に費やす会議の予定を入れることをお薦めしたい。強くお薦めしたいのは、いまがチャンスの時だからだ。

ドラッカーはこう言っている。

「いまが未来をつくる時である。なぜならば、まさにいますべてのものが流動的であって、不安定だからである。いまこそ行動の時である」（『ポスト資本主義社会』）

〝坐して瞑想にふけるより打って出よ〟、ということだ。組織の内部事情に力を吸い取られていてはあまりにも、もったいない。未来に向けて新たな力を発揮するほうがどんなに価値があるか。その一歩を踏み出し、行動を起こした会社は必ず伸びている。日々未来をつくっている。

すでに週1回は経営会議をやっている。あなたはいま、そう思ったかもしれない。その会議の内容は、売上の発表、社長の言葉。そして最後に、進行役が「他に何かあ

ります か？」と言っても、これといった反応は返ってこない。現在行っている経営会議はそのようなものだと思う。では、何からスタートすればいいのか。

ドラッカーはこう言っている。

「ミッションからスタートしなければならない」（『非営利組織の経営』）

ミッションとは、「わが社が事業を通じて社会で貢献したいこと」だ。それは、自分たちが自分たちに課した社会的な役目である。ミッションが事業に方向性を与え、組織に合意形成をもたらす。「われわれのミッションは何か」を経営チームで取り組むことによって、快適な対立が生まれる。それは争いではなく価値ある対立である。そして共有された経営意思がつくられる。御社も「ドラッカー5つの質問」を取り組めば良い変化が起こる。必ず会社は変わる。ぜひ、やっていただきたい。

詳しくは、次の章「第1の質問 われわれのミッションは何か」でお伝えしたい。

第1の質問

われわれのミッションは何か

経営理念、ミッション、ビジョンはこう違う

わが社が社会で実現したいことをはっきりさせよう。それが、第1の質問「われわれのミッションは何か」である。

「経営理念、ミッション、ビジョンは何が違うんですか?」

以前、そんな質問をいただいたことがある。また、

「1年かけて経営理念をつくり直したのですが、どうもしっくりこなくて…」

さらに、こんな声もあった。

「経営理念、ミッション、ビジョンについて、コンサルタントによって言うことが違うので困ります。コンサルタントもわかってないいんじゃないですか」

いまこのページを読んでいるあなたも、そんな疑念をもち、同じ困惑を抱いているかもしれない。まずは、経営理念、ミッション、ビジョンの違いについて整理しておきたい。

経営理念、ミッション、ビジョンは次のとおりだ。

●経営理念とは「わが社の社会に対する根本的な考え」を言い表したもの
●ミッション（使命）は「わが社が社会で実現したいこと」を言い表したもの
●ビジョンは「わが社のミッションが実現した時の状態」を言い表したもの

経営理念は想いであり、ミッションとは行動であり、ビジョンとは結果のことだ。それらは体裁ではない。お題目でもない。鮮明に描かれた想いがあり、具体的な挑戦と献身的な行動がある。そしてその向こうに、理想的な状態がある。

「いま、御社はどんな想いで事業を進めていますか？」

御社の社員さんにそんな質問をしたら、どんな答えが返ってくるだろうか。

私は実際、何社かの企業でそんな調査を行ったことがある。その質問に対する多くの答えはこうだった。

「社長は、とにかく売上を上げろと言っています。だから、そんな想いで仕事をやっています」

本来部下に伝えなければならないのは、「社長が言っていること」ではなく「社長が考えていること」だ。「考えていること」と「言っていること」と「行っていること」が一致している時、人は力を発揮し、組織は成果を上げ、事業は繁栄する。

経営理念、ミッション、ビジョンと順番に話を進めていきたい。

経営理念とはわが社の社会に対する根本的な考え

まずは、経営理念からお伝えしたい。

1876年、ある男がアメリカのインディアナ州で薬をつくる事業をはじめた。その時の想いは、「この世から不治の病をなくしたい」というものだった。それが彼の社会に対する根本的考えだった。

その彼が薬をつくる事業をはじめたきっかけはこうだ。

彼は小さな薬屋を営んでいた。ある日お店に小さな女の子がやってきた。

その女の子は彼にこう言った。「ミラクルください」。
彼は女の子にこう尋ねた。「お嬢ちゃん、そんな薬はないよ。それは、どんな薬なの？」。女の子は答えた。「ミラクルっていう薬があればママの病気が治るって、お医者さんが言ってたの」。

彼はその子を見捨てておけずこう言った。「お嬢ちゃん、おじさんをお嬢ちゃんのパパとママのところへ連れて行ってくれる？」

その女の子に案内されて行くと、たどり着いたところは病院だった。彼はその子のお母さんの主治医と話をすることができた。

その女の子のお母さんは末期がんで余命3カ月だった。医師はその子のお母さんにがんを告知しなければならなかった。しかしその際、診察室の外で待つ娘さんに自分の言っていることが聞こえたら、大きなショックを与えてしまう。医師は女の子に気を遣ってお母さんにこう言った。

「あなたの病気はミラクルが起これば治るかもしれません。3カ月です」

それは、間接的な死の宣告だった。その子には、その医師の言葉がかすかに聞こえた。途切れ途切れの単語をつなげて、こう理解した。「ミラクルという薬があればママの病気は3カ月で治るんだぁ」。

そしてその子は、あるであろうと信じたミラクルという薬を買いに、薬屋に行き、「ミラクルください」と言った。これが、彼が薬をつくる事業をはじめたきっかけだ。

薬を売る仕事から薬をつくる仕事に転身した。その男の名はイーライ・リリー。彼が立ち上げた会社はイーライリリー・アンド・カンパニー。現在、売上高世界9位の会社になっている。

先に述べたとおり、経営理念は想い、ミッションとは行動、ビジョンとは結果のことである。「この世から不治の病をなくしたい」という想いがあって、「万病を治す薬をつくる」という行動が生まれ、「家族が病で亡くなることのない世界」という結果になる。

御社の事業に対する想い、御社の経営理念は何だろうか。事業に対する想いが込められているだろうか。

経営理念を問いただす

株式会社バスクリンの前身である薬品メーカーの津村順天堂は、1893年に創業し、1897年、世界ではじめて入浴剤を世に送り出した。1930年、入浴剤に温泉成分や芳香剤を加えて新たに生まれたのがバスクリンだ。

家の中のお風呂はいまではすっかり日本に定着しているが、一般家庭に普及したのは1960年代に入ってからだ。

バスクリンの古賀社長が社長に就任して最初に考えたことが、社会のお役に立ち続けるためにわが社はどうあるべきか、ということだった。つまり会社を永続的に発展させていくためには必要なものは何か、を徹底的に思索した。

そもそもわが社は何のために存在するのか。「何のため」という原点が曖昧で、社会の変化によって右へ左へとブレてしまうようでは、社会の役に立つ事業とはなり得ない。そこで古賀社長は経営理念の再定義を行った。定義する、とは、意味を他と区別できるように明確な言葉で特定することだ。

事業は時代の変化と共に変わっていく。時代が変わっても変わらないものが経営理念だ。何百年もその企業が生き続けたのは、会社の精神性を受け継ぎ、新しい事業を生み出し、組織を発展に導いた後継者と志を共にする同志がいたからだ。

では、御社はどんな想いで事業をしているのか。御社の経営理念は「わが社の社会に対する根本的な考え」が言い表されているかどうか、これを機会に経営理念を検証していただきたい。念のために、経営理念を言い表す際のＮＧワードをいくつかお伝えしたい。


「社会に貢献する」

「お客様に貢献する」

「お客様のお役に立つ」

「お客様第一」

「企業価値を高める」

「お客様のパートナーとなる」
「社員を幸せにする」

それらは経営理念を言い表す言葉としては不適切だ。なぜなら、この世のすべての会社に当てはまる内容にすぎないからだ。「お客様のパートナーとなる」は、何者になるかを宣言しているにすぎないし、「社員を幸せにする」は責任であって目的ではない。

御社はこの世に御社しかない。経営理念は、わが社はなぜ社会に貢献したいのか、わが社はなぜお客様のお役に立ちたいのか、わが社はなぜお客様を幸せにしたいのか、といった、わが社固有の考えをはっきりさせるものだ。

御社のこれからの発展のために、いまの経営理念を検証されることをお薦めしたい。

Question

われわれの経営理念は、

ミッションとはわが社が社会で実現したいこと

次に、ミッションについてお伝えしたい。

1933年、精機光学研究所という組織が設立された。医師だった御手洗《みたらい》氏は、精機光学研究所に参画し、X線カメラの開発に関わった。

1930年代後半、日本人の死亡原因の第1位は肺結核だった。当時はすでにX線で撮影した患者さんの疾患部を画像で確認するという診察方法は使われていたが、画像技術は遅れていた。「あの時、画像でちゃんと確認ができていれば…」と御手洗氏は医師としていく度となく悔しい思いをした。

そこで御手洗氏は、X線専用カメラを開発すれば、結核の早期発見により、社会貢献になると考えた。今後の医療の発展には画像技術の進化が欠かせない――。それが御手洗氏の「社会に対する根本的な考え」だった。

1942年、御手洗氏は精機光学の分野に専念することを決意し、自らの退路を断つため医師の免許を返上した。そして、医師の経験を生かして医療用機器の開発に全力をあげた。

精機光学研究所はその後、1947年、キヤノン株式会社と名を改め、御手洗氏は同社の初代の社長となった。「今後の医療の発展には画像技術の進化が欠かせない」という考えが、「画像技術を開発する」という挑戦を生んだ。

御社の場合は、どんな考えが、どんな挑戦を生んでいるだろうか。

ミッションは働く人のエネルギーを生み出す

江戸時代は産業が栄え、手広く事業を行った商人が財産を築いた。その財産は投資による一攫千金で得たものだった。当時は事業を存続させていくという考え方はなく、「商売人」はいても「経営者」はいなかった。明治時代に入ると、株式会社という制度がつくられ、「経営」という考えが生まれた。

当時の日本の経済発展に大きな影響を与えた人物が二人いる。一人は株式会社という制度をつくった渋沢栄一、もう一人は三菱の創業者、岩崎弥太郎だ。

渋沢栄一の考えはこうだった。

「ワンマン経営には限界があり、運河を建設するような大事業はできない。事業は社員の意欲を駆り立てて、いろいろな人に力を発揮してもらわなければうまくいかない」

一方、岩崎弥太郎の考えはこうだった。

「船頭多くして船山へ上ると言うではないか。みんなに勝手に意見を言わせれば理屈が多くなって、結局は儲からない。会社は、一人の人間が経営しなくてはうまくいかない」

創業時の三菱の社則にはこう記されている。

「わが社は会社と称しているが会社ではない。岩崎弥太郎個人の家業である。会社の儲けも損失もすべて社長個人のものである」

社長の独裁制を堂々と公言していた。三菱は、「岩崎の三菱」だった。

人間の意欲こそ重要であるという渋沢栄一の考えと、お金が重要であると主張した岩崎弥太郎の考えは正反対だった。この二人の考えはどちらが正しいのだろうか。

ドラッカーはこう言った。

「今日では、二人とも正しいことが明らかである。経済発展のためには、資金の生産性を高めなければならない。(中略)しかし同時に経済発展のためには人間の生産性を高めなければならない」(『断絶の時代』)

生産性とは、費やした労力と得られた成果の比率のことである。事業の成長とは、費やした労力よりも得られた成果の比率が大きくなっている進行形のことだ。一方、人間は機械のようには働かない。意欲があるからこそ優れた仕事が生まれ、より良い結果をもたらす。

岩崎弥太郎は50代にしてこの世を去った。創業者の考えと別な存在になろうとした三菱は、彼の死を機に、オーナー家と事業会社を切り離した。「わが社は会社と称しているが会社ではない。岩崎弥太郎個人の家業である。会社の儲けも損失もすべて社長個人のものである」という考えを完全に断ち切ったのである。その時から三菱は発展し、後に「組織の三菱」とうたわれるようになった。会社は力を合わせて、社会に価値を生み出さなければならない。

ドラッカーはこう言っている。

「明確かつ焦点の定まった共通の使命だけが、組織を一体とし、成果をあげさせる。焦点の定まった明確な使命がなければ、組織は直ちに組織としての信頼性を失う」(『ポ

スト資本主義社会』）

命令1つで全社員が一人ももれなく一心不乱に働いてくれるわけではない。はっきりとした考えに基づいたミッションが、働くエネルギーを生み、組織は成果を上げることができる。会社は売上を上げなければならないのは当然だ。だからと言って売上さえ上げていればいいという考えでは、自分たちの仕事に誇りをもつことはできないし、そんな会社は社会からも信頼されない。

会社には存在理由がある。ミッションがある。

紀元前2500年代、いまからおよそ4500年前、高さ約147メートル、底辺の一辺は約200メートル、約2トンの石を二百数十万個積み上げて造られた建造物がある。クフ王のピラミッドだ。建築技術もきわめて高度なもので、精巧に造られている。かつては、その国の王が大勢の人間を何十年も強制的に働かせて造ったと言われていた。

建物が大きければ大きいほど、ほんのわずかな狂いが崩壊の原因となる。恐怖に虐げられ、強制的な義務感で行われた仕事が永遠に崩れない優れた建造物になるはずがない。

最新の説で「王の強制的な命令」ではなく、「住民の自発的な意志」によって造られたものであることが証明された。ピラミッドの付近で女性や子どもたちの遺骨や手術の跡がある遺骨が発見されている。働く人は現場の近くで家庭をもち、怪我をすればすぐに治療を受けられていたということだ。石を切る作業場には、労働歌やグループごとに成果を競い合った記号が刻まれ、ピラミッドの内側には「友人」を表す記号や「万歳」と書かれた文字が発見されている。恐怖に虐げられた痕跡は何一つ発見されていない。

ピラミッドの建設に携わった労働者には、大仕事に関わっていることの誇りと喜びがあった。働く人の意欲をかき立てる何かがあった。無理矢理やらされているという恐怖感や雇われ根性で優れた仕事は生まれない。共感できる考えがあり、仕事の目的に価値を感じ、それが働く人のエネルギーを生み出す。

御社の、働く人のエネルギーを生み出すものは何だろうか。

ミッションを問いただす

私は多くの企業様で「ドラッカー5つの質問」研修を行っている。社長を中心に何人かの役員の方々と、ミッションを問いただし、検討する時、次のような言葉が出てくる。

「売上を〇〇〇億にする」
「もっと知名度を上げる」
「社員を幸せにする」
「業界で一番有名になる」
「事業の海外展開をはかる」
「業界を活性化する」

これらは目標であってミッションではない。ミッションとは先に伝えたとおり、「わが社が社会で実現したいこと」だ。それは、社会に貢献できる具体的な何かである。自分たちのメリットのことではない。

ドトールは、1962年にコーヒー豆の卸売として創業した。当時は八畳ひと間の事務所で、従業員はたった2名。喫茶店にコーヒー豆の営業に訪問しても「商売の邪魔だ」と怒鳴られ門前払いの日々。創業当時は来る日も来る日も苦境の連続だった。

1964年にはコーヒーショップを開業し、事業を拡大していった。そして1996年に日本に進出を果たしたスターバックスが注目されはじめ、ドトールは厳しい競争を余儀なくされた。しかしドトールはそれをチャンスととらえ、エクセルシオールという新業態をつくり、事業をさらに伸ばしていった。現在、ドトールはグループ連結で従業員1000名を超え、店舗数は1500カ所以上、年商は約700億円を超えている。

ドトールコーヒーの名誉会長である鳥羽博道氏はこう語る。

「織田信長が軍旗に掲げたものは天下布武、武田信玄は風林火山。いずれも戦いの発想だ。徳川家康が掲げた〝世のため人のため〟という使命が正しかったからこそ、多くの人々の賛同を得られた。当社も、最初に正しい願いやポリシーをもったからこそ、半世紀以上にわたりコーヒー業界に身を置くことができ、ドトールコーヒーも発展できたと思っている」

お客様が企業に求めているのは、どんなメリットがあるかということであって、「わが社は業界ナンバーワン」という自己陶酔ではない。自分たちにとって都合の良いことに引っ張られず、ミッションを言い当てる言葉を見つけていただきたい。そのために、押さえておかなければならないことは何か。

ドラッカーはこう言っている。

「第一に問うべきは、機会は何か、ニーズは何かである。第二に問うべきは、それはわれわれ向きの機会かである。われわれならばよい仕事ができるかである。われわれは卓越しているか、われわれの強みに合っているかである。第三に問うべきは、心底

価値を信じているかどうかである」（『非営利組織の経営』）

この3つの視点について1つひとつお伝えしていきたい。

ミッション3つの条件

一、機会は何か、ニーズは何か

機会とはお役に立てるチャンスのことだ。ニーズとはあることに困っていたり、悩んでいる人がいるということだ。どんなに「わが社のミッションはこうだ」と言っても、あることに困っていたり、あることに悩んでいる人がいなければ、そのことでお役に立てるチャンスはない。そんなミッションは単なる独りよがりにすぎない。何らかの解決を求めている人がいて、その人のお役に立つことができるから、ミッションが成り立つ。だから、あることに困っていたり、悩んでいる人がいるかどうかを知り、お役に立てるチャンスがあるかどうかを把握しよう。それが、「機会は何か、ニーズは何か」である。

かつて全国各地ににあった文具店の多くは、お年を召したご夫婦が経営していた。1970年後半になると文具店が激減していった。文具店の激減にともなって、文具の調達に不便を感じるオフィスが増えた。日頃行っていた「あの店」がなくなってしまったからだ。

1993年、プラス株式会社の一事業部が、首都圏の事業所を対象に文房具の販売をはじめた。1997年には、早くもインターネットを利用した受注をはじめ、顧客を増やしていった。その会社の名はアスクル。社名の由来はご存じのとおり、翌日に配達する、すなわち「明日来る」から来ている。

ニーズは、全国の多くの小規模事業所の不便だった。その不便にお役に立てることが機会である。

御社にとっての機会、ニーズは何だろうか。

Question

一、機会は何か、ニーズは何か

二、それはわれわれ向きの機会か。われわれならばよい仕事ができるか。われわれは卓越しているか。われわれの強みに合っているか

あることに困っていたり、あることに悩んでいる人がいたとしても、それに応えるために必要な力をもっていなければ何もできない。情熱はなくてはならないものだが、情熱だけで物事は進まない。それらのニーズに対して、良い結果を約束できるものをもっているのかを考えよう。それがこの問いである。

医療の世界は、脳外科、眼科、耳鼻科、歯科、内科、外科、整形外科と、さまざまな専門分野がある。一人の医師があらゆる病気に詳しく、何から何まで治療できるわ

けではない。一人の医師ができることは、自分の専門分野に限られている。歯医者は、風邪を治すことについては良い仕事を期待できない。風邪であれば、内科の医師が良い仕事をしてくれる。

同じように、1つの会社があらゆることに詳しく、ありとあらゆるサービスを提供できるわけではない。企業も必ず得意分野があり、得意なやり方がある。1つの企業ができることは、何かの得意分野に限られている。

2001年、ユニクロは海外の第1号店をイギリスに出した。階層意識の強いイギリスの組織は、店長は店長同士、マネジャーはマネジャー同士といったように、同じ役職者としか口をきかない慣習があった。

イギリスに店舗を出した当時のユニクロは、イギリスの文化に合わせて階層ごとに厳密な役割を設けた組織で事業を進めた。21店舗まで拡大したものの、2年後には5店舗になってしまった。

この時、柳井会長は、ユニクロの強みはフラットな組織で事業を進めるところにあると言った。当時、階層ごとに厳密な役割を設けた組織運営は、ユニクロの強みを生かした進め方とは言えなかった。ユニクロはその経験を生かして、海外でも、フラットな組織で事業を進めるという自分たちの強みを生かし、その結果、海外はいまや1000店舗を超えている。

御社の卓越性は何だろうか。

Question

二、それはわれわれ向きの機会か。われわれならばよい仕事ができるか。われわれは卓越しているか。われわれの強みに合っているか

三、心底価値を信じているかどうか

事業は思い通りにいくことより、思い通りにいかないことのほうが多い。と言うより、思い通りにいかないことがほとんどだ。事業に対する揺るぎない想いがなければ、事業が思い通りにいかない時、困難を前に、心は打ち砕かれてしまう。揺るぎない想いの内容をしっかりと検証しよう。それが、「心底信じているかどうか」という問いである。

スターバックスが日本進出を検討していた時、多くの専門家が反対した。その理由は、「日本にはすでに定着したコーヒーの文化がある」「日本にはすでに多くの喫茶店がある」「日本人は飲み物をもって歩かない」「日本人はコーヒーの質なんて気にしていない」「日本人には店内の雰囲気は関係ない」「日本人に禁煙は受け入れられない」というものだった。

しかし1996年、スターバックスは海外進出の第1号店を日本に出した。果たして開店初日はどうだったか。開店15分前には、50人以上の長蛇の列。現在の日本での年間売上は10億ドル。日本の店舗数は1000店を超えている。スターバックスは成功を収めた。

スターバックスが専門家の見解に動じないで事業を進めたのは、当時のCEO、ハワード・シュルツ氏が事業の価値を信じていたからだ。揺るぎない強い意志が不可能を可能とする。

御社が心底信じている事業の価値とは何だろうか。

Question

三、心底価値を信じているか

3つのことについてお伝えしてきた。

「まえがき」でお伝えしたとおり、「ドラッカー5つの質問」は主語がすべて「われわれ」だ。主語が「われわれ」である以上、社長一人で考え込むものではなく、経営チームのメンバーと共に取り組むものだ。問いを共有し、全員が同じ答えに着地するところまで徹底的に話し合っていただきたい。その話し合いの過程で、組織のエネルギーが生まれる。

経営チームで、3つのことについて考えを出し合っていこう。お伝えしたように、きわめて基本的なことで考えが異なることを知って愕然とするはずだ。お互いの考えの違いを理解したうえで、共通の考えをつくり出してほしい。

ミッションを決める

「お客様のために、全力でお客様に貢献し、お客様に喜んでいただくこと」

そんなミッションを見かけることがある。言葉としてはとても美しくまとまっているが、実際に何をするのかまったくわからない。社員もわからない。それでは、ミッションに向けられた正しい行動は生まれない。

ミッションを考える時に押さえておくことが2つある。

1つは形容詞を使わないことだ。極限まで簡潔に言い表す言葉に絞り込むことをお薦めしたい。

もう1つは、美しい言葉を追求しないことだ。ミッションは、「良く思われるためにどんな表現をすればいいいか」というものではなく、「自分たちは何を実現しようとしているのか」を明らかにするものだ。

ドラッカーはこう言っている。

「ミッションの価値は文章の美しさにあるのではない。正しい行動をもたらすことにある」（『非営利組織の経営』）

上は社長から下は末端の新入社員にまで、正しい行動をもたらしてこそミッションと言える。ミッションについて、ドラッカーは次の例を紹介している。

●農家のバイヤーになること（通販会社）
●患者を安心させること（病院の救急治療室）
●誇りと自信に満ちた女性を育てること（ガールスカウト）

●紳士をつくること（イギリスの学校）
●落伍者を市民に変えること（救世軍）

どれも短く簡潔に言い表されている。あなたの会社のミッションを簡潔に言い表すとどんな言葉になるだろうか。先ほどと同じように、一人ひとり考えを出し、話し合いを通して、共通の考えをつくり出していただきたい。

読んで終わりではなく、ぜひ決定していただきたい。その決定が、会社をさらに成長させていくものとなるからだ。

ミッションは、問い続けていくもの

1837年、馬具の部品をつくるメーカーが誕生した。そのメーカーは革と金具を扱うことに卓越性をもっていた。しかし、1870年代になると自動車が普及し、馬車は移動手段として利用されなくなった。馬具の部品をつくることでは事業が成り立たなくなった。

事業を取り巻く環境は変わるが、事業を支える強みは変わらない。そのメーカーは、革と金具を扱う強みを生かして、ハンドバッグや財布などをつくりはじめた。そして、大きな成功を収め、その後も繁栄していった。1920年後半には、腕時計やアクセサリー、香水もつくるようになった。その会社はエルメス。

あらゆる生命が、自ら環境に適応しようと試みるだけではなく、環境の変化に対して自ら多様性を創生しながら生き残れるように工夫している。事業に生きる力を与えることこそ、経営者の仕事である。

日本がまだ豊かとはいえない戦後間もない頃、ロイヤルホストの前身が生まれた。その後、順調に業績を伸ばし、1990年代半ばの売上は600億円を超えた。ところがファーストフードや回転ずしのブームの影響を受け、売上は200億円も落ちた。

大量の閉店を余儀なくされたロイヤルホストは、素材は安価なものに絞ってコストを下げ、調理法を簡素化してメニューの数を減らした。料理は温めれば出せるものに変え、アルバイトでも運営可能な組織体制にした。ドリンクバーと呼出しベルを設置してホールスタッフの人数も減らした。

原価は下がったが、味の評判は下がった。来店客数と顧客単価も下がり、業績はさらに落ち込んだ。世間からは、「ファミリーレストランの使命は終わった」とまで言われた。ロイヤルホストは創業以来、「洋食を気軽に食べる社会をつくる」というミッションのもと事業を進めてきた。しかし、そのミッションは社会の発展に伴ってその実効性を失っていた。すでに日本は洋食を気軽に食べる社会になっていたからだ。

２０１１年、ロイヤルホストは事業を根本から見直した。素材は良いものを厳選し、料理は「温めればいいもの」から「ひと手間工夫を加えるもの」に変えた。ファミリーレストランでは定番となっていた呼出しベルとドリンクバーをなくした。「呼ばれれば行く接客」から「呼ばれる前に気づく接客」に変え、「おかわりは自分で取りに行ってもらう放置の接客」から「おかわりの声がけをする接客」に変えた。

料理を担当する社員や接客スタッフの教育にも力を入れた。原価は上がったが、味の評判は上がった。来店客数と顧客単価も上がり、売上は劇的に上がった。こうして事業は見事に息を吹き返した。

ロイヤルホストの復活は、ドラッカーの言葉、「成功を収めている企業は、『われわれの事業は何か』を問い、その問いに対する答えを考え、明確にすることによって成功がもたらされている」のとおり、ロイヤルホストは「われわれの事業は何か」を問い、「洋食を気軽に食べる社会をつくる」というミッションから「おもてなしでお客様に満足していただく」というミッションに改めた。素材、料理、接客を根本から刷新したことによって、その復活がもたらされた。ロイヤルホストの成功は、ミッションを問い続け、ミッションを再定義したことによるものだった。

家訓や理念は100年続くことはあるかもしれない。しかし、ミッションが100年続くことはあり得ない。社会のニーズは変わっていくからだ。ゆえに、ミッションはアップデートとアップグレードを繰り返していくものだ。

アップデートとは、常に最新の状態を維持するということだ。お客様のニーズもどんどん変わっていく。ニーズが変わればミッションも変えていかざるを得ない。ミッションはアップデートしていかなければならない。

一方、アップグレードは、機能を向上させていくということだ。社会は変わる。ゆえに、ミッションを刷新していかなければならない。小手先の修正ではない。変化に応じて、ミッションを組織全体に再インストールしなければならない。考えの変更で完結するものではなく、事業を新しい次元に進化させ、具体的に仕事のやり方を根本から変えていかなければならない。ミッションはアップデートしていかなければならない。

「われわれのミッションは何か」という問いは、答えを出して終わりではなく、問い続けていくものなのだ。

ビジョンがなければ事業とはなりえない

ミッションが決まったらビジョンを決めていこう。ビジョンという言葉は、一般的に、わが社の理想の姿を言い表したものとして使われている。ここで言うビジョンは、「わが社のミッションが実現した時の状態」のことだ。

ビジョンを曖昧なままにしておくとどうなってしまうのだろうか。

ドラッカーはこう言っている。

「企業にせよ、チームにせよ、シンプルで明快なミッションを必要とする。ミッションがビジョンをもたらす。ビジョンがなければ事業とはなりえない。人の群れがあるだけである」(『P.F.ドラッカー』)

経営者は、総称すればリーダーだ。リーダーとはリードする人だ。リードする以上、「どこ」に向かってリードするか、その「どこ」が曖昧であれば、リードすることはできないし、部下もどう頑張っていいかわからない。まさに、人の群れがあるだけとなる。

あなたの会社のビジョンをひと言で言い表すとどんな言葉になるだろうか。

Question

われわれのミッションが達成されると何が起こるのか

ミッションもビジョンも勝手に浸透しない

「ミッションをせっかく考えて社内で周知したのに、社員はミッションに向かって仕事をしてくれない」

そんな言葉をよく耳にする。

ミッションを決めれば、社員一人ひとりがそのミッションを理解してくれるわけではない。ミッションを決めれば、その日から社員の意欲が高まるわけでもない。ミッションを決めれば、会社全体がミッションに向けて動き出すわけでもない。ミッションを決めたからと言って、ミッションは勝手に浸透してくれるわけではない。

ミッションは日々の仕事になってはじめて決定した意味がある。
では、ミッションを組織に浸透させるためにはどうすればいいのか。
ドラッカーはこう言っている。

「ミッションや戦略が完成し、浸透したとしても、メンバーに対する評価がそれに基づいていない限り、組織がマネジメントされているとはいえず、真剣に行動することを促進することができない」（『マネジメント』）

ミッションが完成しても、ミッションに対する貢献度合いが評価基準に組み込まれていない限り、ミッションに対する具体的な貢献を促すことはできない。社員は、評価に反映されないものは重要でないと知っているからだ。着実にミッションを組織内に浸透させていくために、評価制度に、ミッションに対する貢献度合いを加えていただきたい。

さて、では御社のミッションは何だろうか。

ドラッカー5つの質問 第1の質問

われわれのミッションは、

である。

誰にも向けられていないミッションなどあり得ない。御社のミッションは誰に向けられたものだろうか。対象とするお客様を明らかにしなければ、ミッションは最終決定に至らない。では、お客様のことをどんな視点で考えていけばいいのか。それは次の章「第2の質問 われわれの顧客は誰か」でお伝えしたい。

第2の質問

われわれの顧客は誰か

顧客を出発点とする

「わが社のミッションは誰に向けられたものなのか」を問いただし、わが社が満足させるべき人は誰なのかを明らかにしよう。それが第2の質問「われわれの顧客は誰か」だ。

お客様がいるから仕事があり、仕事があるからミッションを遂行できる。どんな人に向けられた事業なのかが曖昧であれば、ミッションは絵空事に終わる。お客様と関係のない努力をすることになり、やがて成果は上がらなくなる。では、どうすればいいのか。

ドラッカーはこう言っている。

「企業と使命と目的を定義するとき、出発点は一つしかない。顧客である」(『現代の経営』)

多くのご家庭は、決定権をもっているのは奥様だと思う。決定権とは、決めることができるその範囲のことだ。わが家は家内が１００％決定権をもっている。家内に何かの購入申請をしてもほとんど承認されない。多くが却下である。決定権をもっている人は恐ろしい。絶対的な存在だからだ。逆らうことは決してできない。

事業の場合、何から何まですべての決定権をもっているのはお客様だ。買うか買わないか、お客様はすべての決定権をもっている。お客様に認めてもらわなければ事業は成り立たない。お客様に反すれば事業は死ぬ。したがって、商品やサービスから考えるのではなく、お客様から出発しなければならない。

誰を幸せにする事業なのか

１９７０年代、ドイツに留学してアルバイトをしながら生活をしていた学生がいた。そのアルバイトは日本人観光客の通訳だった。ドイツに来た日本人から「どこかいいお店教えてください」とよく聞かれた。当時は、いまのように海外情報は容易に手に入らなかった。どこのお店に行けば美味しいものが食べられるのかわからなかった。そこで、その学生が日本人観光客に、良いお店を教えてあげると「言葉が通じないから一緒に来てほしい」と言われた。

その学生は「自分でツアーを企画すればたくさんのお客さんが集まるのではないか」と思いついた。「男性は現地の美味しいビールが飲みたいと思っているはずだ。だから、ドイツの民族音楽を演奏しているビアホールに連れて行って、そこから素敵なショーに足を延ばせばきっと喜んでくれる。女性はライン川が見えるお洒落なレストランが気に入ってくれるだろう」と思った。どうすればお客様に喜んでもらえるか考えを巡らし、いろいろな企画を考えた。

企画ができれば、次はお客様を連れて行くお店との交渉だ。はじめは半信半疑だったお店も、毎日、大勢の団体客を連れて行くと、「そんなに毎日たくさんのお客様を連れて来てくれるなら、これからもよろしく頼む！」と言うことになり、飲食代を値引きしてくれるようになった。

次は、自分が企画したツアーをどうやって多くの日本人観光客に知ってもらうかだ。

日本人が泊まるところは、たいてい何軒かの有名なホテルだった。そのホテルに行って、フロントのマネジャーに手書きのパンフレットを渡し、「日本人の観光客が来たらこれを渡してほしい」と頼んだ。一人申込みがあれば150マルクの10%をバックすることで合意を得た。当時の150マルクを約1500円として、1日で20人集めれば3万円、月に200人集めれば30万円になる。

その学生は、自分が下宿している寮の電話を事務所代わりに、日本人観光客向けナイトツアーを始めた。一人でドイツに来る日本人観光客は少なく、ほとんどが、10人、20人という団体で来ていた。有名ホテルのフロントマネジャーが案内する情報なので、みんな安心してどんどん申し込んだ。人はすぐに集まり、ホテルのマネジャーは自分の給料より高い収入を稼げるようになった。

そのツアーに申し込むお客様は自動的に増えていった。こうしてこの学生は、ひと月に100万円から200万円を稼いだ。彼はこの経験を通じてある確信を得た。それは「みんながハッピーになれる事業は必ず成功する」ということだった。

その学生は、旅行事業の大手、売上高グループで約4800億円、従業員数グループで9000人を擁する株式会社エイチ・アイ・エスの創業者、澤田秀雄氏である。
わが社中心の経営は苦労が絶えない。しかし、お客様中心の経営は喜びが絶えない。
御社は誰をハッピーにする事業なのだろうか。

心から喜んでもらいたい人

1948年、アグネス・ゴンジャ・ボヤジュという一人の女性がある事業を起ち上げた。彼女はビジネスのトレーニングは受けたことがない。しかし、その事業は100カ国以上に広がり、4000人を擁し、何百億ドルもの資産を運用するようにまでに発展した。彼女は1979年にノーベル平和賞を受賞した。そして受賞式でこう言った。

「飢えた人、裸の人、家のない人、体の不自由な人、病気の人、必要とされることのないすべての人、愛されていない人、誰からも世話されない人、これらの人のために私は働く」

そのような方々のために働く。そう言ったその女性は世界からマザー・テレサと呼ばれた。御社は誰のために働いているのだろうか。

現在、世界には約70億もの人がいる。赤ちゃん、幼稚園児、小学生、中学生、高校生、大学生、大学院生。社会人。そして、新入社員、中堅社員、管理職、経営者。また、マーケティング部で働く人、開発部で働く人、営業部で働く人、人事部で働く人、法務部で働く人、経理部で働く人。さらには、マーケティング能力を身につけたい人、営業力を高めたい人、企画書作成のスキルを身につけたい人、上司に悩む部下、部下に悩む上司。独身の人、二人家族、三人家族。家を借りたい人、家を貸したい人、家を買いたい人、家を売りたい人。海に行きたい人、山に行きたい人、海外に行きたい人、国内を観光したい人。

例をあげればこの本のページをすべて使い切ってしまう。社会には、想像を超える種類の「さまざまな人」、「さまざまな状態の人」がいる。

あらゆる人に、あらゆることを行い、あらゆる満足を提供できる会社はこの世にない。しかし、特定の人に、特定のことを行い、特定の満足を提供することはできる。ここで言う特定の人が「お客様」ある。お客様とは、「わが社の得意分野でお役に立てる人」だ。そして、「わが社が心から喜んでもらいたいと願う人」であり、「わが社が満足させるべき人」である。

組織が本来もつ力を最大限に発揮する時。それは誰のお役に立つのかをはっきりさせた時だ。だから「われわれの顧客は誰か」を追究した組織は強い。

御社が心から喜んでもらいたいと願う人は誰だろうか。

Question

わが社が心から喜んでもらいたいと願う人は誰か

複数の顧客

お客様というと私たちはつい、お金を払ってくれる人と考えてしまいがちだ。しかし、お客様はお金を払ってくる人とは限らない。

たとえば学習塾は、お金を払ってくれる人は親御さんで、塾に通ってくれるのは子供である。ある子供が、「あの学習塾に通いたい」と思ったとしても、お母さんから、「あの塾に行っても学力は上がらないからダメよ」と言われてしまえば、子供はその塾に通えない。逆に、お母さんが子供に「あの塾に行きなさい」と言っても、子供が「あの塾にはイジメっ子がいるからイヤだ」「塾の先生が面白くないからイヤだ」と考えれば、その子供は塾に通ってくれない。学習塾は、お母さんと子供の両方から合意を得なければはじまらない。どちらか片方ではだめなのだ。

このように、お客様といっても、お金を払ってくれる人だけとは限らない。どんな事業にも必ず複数の顧客がいる。ゆえに、商品やサービスに影響を与えるすべてのお客様のことを考えなければならないのだ。

ドラッカーはこんな事例を紹介している。

1920年代から1950年代の約30年にかけて、カーペットの業界は衰退の一途をたどった。カーペット業界は広告に力を入れたが効果はなかった。

当時、カーペットの業界は住宅購入者をお客様と考え、家を買ったばかりの人にカーペットを売り込んでいた。しかし、家を買った人はローンがある。住宅購入者は進んでカーペットを買うことはなかった。

そこでカーペット業界は、住宅購入者ではなく住宅建築業者もお客様になるのではないかと考えて、お客様を住宅購入者から住宅建築業者に変えた。カーペット業界は「カーペットを買ってもらうこと」をやめて「カーペットを敷いた家を買ってもらうこと」に考えを変えた。カーペットは、家の購入時のローンに組み込んでしまえば微々たるものなので、たとえお金に敏感な若い夫婦でも買ってもらえるようになった。

ドラッカーはこう言っている。

「カーペット産業は長い間、顧客は住宅購入者、特に新規の住宅購入者だと思い込んでいた。しかし、彼ら新婚の夫婦には金がなかった。そのためカーペットの購入は後回しにされ、結局ずっと買ってもらえないということになっていた。ところが、『顧客は誰か』を検討した結果、住宅建築業者が顧客であることが明らかになった」（『マネジメント』）

こうして1950年代以降、カーペット業界は息を吹き返した。それは、「売ることに力を入れた」からではなく、「お客様は誰なのかを考え抜いた」からだ。

御社にも何種類かの顧客がいることと思う。では、御社にはどんな種類の顧客がいるだろうか。次の問いに経営チームで、社名を出して、お互いの考えを確認し合ってみることをお薦めしたい。

Question

●商品・サービスを使ってくれる会社（または人）は？

●商品・サービスを買ってくれる会社（または人）は？

●商品・サービスを買う決定をしてくれる会社（または人）は？

●商品・サービスを売ってくれる会社（または人）は？

●商品・サービスを広めてくれる会社（または人）は？

実際に経営チームでこの話し合いをしてもらう場にいると、こんな声を聴く。

「お客様のことについて意外にわかっていないことに気づいた」

「この顧客に働きかければ、新しい可能性が見えてくるかもしれない」

「この顧客にアプローチできていなかったことがわかった」

御社にはどんな発見があっただろうか。事例で伝えたカーペット業界が起こした起死回生のような、今後の事業に大きな影響を与えるきっかけが生まれてくるはずだ。

誰を顧客とするかで事業が決まる

あるメーカーが、空調を取りつける架台の製造販売をはじめた。

そのメーカーは、空調の取りつけを行う電気工事会社を顧客にするか、それとも一般家庭を顧客にするかという課題に直面した。代理店に販売してもらう形を取るか、一般家庭に直接販売するかを決めなければならなかった。

電気工事会社をお客様にすれば、各地域に販売網をつくる必要がある。一般家庭をお客様にすれば、カタログをつくって通信販売する必要がある。どちらをお客様にするかによって販売方法が異なり、やることもまったく違う。誰をお客様にするかによって事業が決まる。

自分たちの事業を考えるということは、お客様のことを知るということだ。では、お客様の何を知る必要があるのか。

ドラッカーはこう言っている。

「現実の顧客は誰か、潜在的な顧客は誰か、顧客はどこにいるのか、顧客はいかに買うか、顧客はいかに到達するか、を問うことである」(『現代の経営』)

「現実の顧客は誰か」とは、現在お客様になってくれているのは具体的にどんな人々なのかを把握しようということだ。「潜在的な顧客は誰か」とは、お客様になってくれる可能性があるのはどんな人々なのかをはっきりさせようということだ。「顧客はどこにいるのか」とは、どこに行けばお客様に会えるのかをはっきりさせようということだ。「顧客はいかに買うか」とは、お客様はどのようにして買っているのかということだ。「顧客はいかに到達するか」とは、お客様はわが社の商品をどうやって見つけることができるかということだ。

では、一つひとつの内容について詳しくお伝えしていこう。

現実の顧客は誰か〜高い物の単品買いをするお客様

「家具の小売業大手の株式会社ニトリは、1967年に似鳥昭雄が似鳥家具店として創業した。国内に400店舗、台湾に約30店舗をもち、学習机は年間7万7000台を販売しシェアは日本一だ。

2014年までは、安い物のまとめ買いをするお客様が多かったという。しかし、2015年以降は、高い物の単品買いをするお客様が多くなった。2015年以降のお客様は「高い物の単品買いをするお客様」に変わっていた。

このように、現在の顧客は変化していく。お客様の買い方が変わった。この変化に気づかず、2015年以降も相変わらず安い物のまとめ買いをしやすい商品を企画し、安い物のまとめ買いをしやすい品揃えを考え、安い物のまとめ買いをしやすいディスプレイをし、安い物のまとめ買いをしやすい接客をし続けてしまえば、多くの努力が成果につながりにくくなる。高い物の単品買いをしやすい商品を企画し、高い物の単品買いをしやすいディスプレイをし、高い物の単品買いをしやすい接客に切り替えていったからこそ、成果を上げ続けることができた。

現実の顧客は誰か。2015年以降のニトリの現実の顧客は「高い物の単品買いをするお客様」だった。では、御社の現実の顧客はどんなお客様だろうか。経営チームで考えを出し合って、共通の答えを決めていただきたい。

Question

現在お客様になってくれているお客様は具体的にどんなお客様なのか

潜在的な顧客は誰か～ゲームを楽しむ家族

任天堂は1889年に創業した老舗企業で、花札やトランプという製品を中心に、娯楽分野で事業を展開してきた。1970年代後半から事業範囲を拡大し、コンピュータゲーム機の開発をはじめ、1983年には家庭用ゲーム機ファミリーコンピュータを開発した。1985年にスーパーマリオブラザーズを発売し、世界的ヒットとなり、任天堂はゲームの会社として世に広く知れ渡るようになった。

ところが、商品が高度なものになっていくにつれてゲームの操作も難しくなっていった。また、商品がバージョンアップするたびにゲームの内容が複雑になったことが影響し、ゲーム離れが起こった。

この時の任天堂の顧客は「一人でゲームを楽しむオタク」と言って間違いないだろう。その後、任天堂はゲーム人口を拡大するために、ゲームから離れてしまった人を呼び戻すため、年齢を問わず誰もが同じスタートラインで楽しめ、女性や高齢者といった非顧客を取り込む製品を開発した。これなら自分でもできそうだという操作方法を実現し、ゲームに馴染みのない人にゲームの楽しさを普及していった。直感的な操作を実現したWiiである。

潜在的な顧客は誰か。この時の任天堂の顧客は「ゲームを楽しむ家族」だった。経営チームで考えを出し合って、共通の答えを決めていただきたい。

Question

今後お客様になってくれる可能性があるお客様はどんなお客様なのか

顧客はどこにいるのか〜人材不足に課題を抱える裁判所

ソニーは、1950年に日本ではじめてテープレコーダーをつくった。重さは35kg、価格は17万円だった。当時の大卒の初任給が1万円程度だから相当な高額品だ。

ソニーの創業者の一人である盛田昭夫氏は、当時テープレコーダーを売るため、あちらこちらへデモに奔走した。友人知人の声をその場で録音しては、録音した音声をその場で聞かせた。生まれてはじめて目にする機械から聞こえてくる自分の声に、多くの人が驚き、多くの人が気に入った。

ところが、買う人は誰一人としていなかった。誰もがみんな口を揃えて「おもちゃにしては高すぎる」と言った。どんなにテープレコーダーの良さを説明しても1台も売れなかった。

戦後間もない当時の日本は、専門分野の教育に遅れをとっていた。遅れている分野の1つに「速記」という専門職があった。裁判所では速記ができる人手が足りず、速記の担当者は過重労働に苦しんでいた。盛田昭夫氏は裁判所にテープレコーダーを売り込みに行った。まったく売れなかったテープレコーダーは一瞬にして20台売れた。裁判所にとってテープレコーダーは「おもちゃ」ではなく、「仕事の効率を高めてくれる必要なもの」だった。

どんなにいい製品であっても、お客様がそれを必要だと思ってくれなければ買ってくれない。顧客はどこにいるのか。テープレコーダーを必要とする人は「一般家庭」にはいなかった。「速記の人材不足に課題を抱える裁判所」にいた。

Question

御社の顧客はどこにいるのか

顧客はいかに買うか

「顧客はいかに買うか」とは、お客様はどのように買っているのか、ということだ。

私は趣味でスキューバーダイビングをやる。ボンベを背負って水中で呼吸をしながら海の中の素晴らしい世界を楽しむスポーツだ。ダイビングをする際は、ダイビングショップのインストラクターに、港から水中に潜ることが許されている場所までボートで連れて行ってもらう。潜る場所によっては、行って帰ってくるだけで5、6時間かかる。当然、お昼はボートの中でとる。だから、あらかじめダイビングショップにお弁当をお願いしておく。

朝、ダイビングショップに着くとランチのパンフレットを渡され、「お昼はどれにしますか」と聞かれる。「お昼はとりますか」とは聞いてこない。こちらは、パンフレットに書かれているメニューの中からお弁当を選んで注文する。そのお弁当をつくってくれるお店は、夜になると日本人観光客を相手に営業しているレストランだ。

顧客はいかに買うか。私はダイビングショップに勧められるままにそのレストランのお弁当を買っていた。では、御社のお客様はどのように買っているのだろうか。経営チームで考えを出し合って、共通の答えを決めていただきたい。

Question

お客様はどのようにして買っているのか

顧客はいかに到達するか～顧客は外車のディーラーを介して到達した

どんな会社も新しいお客様を増やしていかなければならない。だから、会社はつねにお客様にどうたどり着くかを考える。顧客はいかに到達するかという問いはその逆だ。お客様の立場に立って、お客様はどうわが社にたどり着くかを考えていこう。

セコムは1962年、日本警備保障株式会社として設立された。セキュリティを必要とする家は経済的に豊かで防犯対策に関心のあるご家庭だ。セコムの創業者である飯田亮氏は、当時、富裕層が住む地域の大きな家にセキュリティのサービスを売り込もうと考えた。

ところが、大きな家は玄関から遠く離れたところに門があり、門にはインターフォンがついている。玄関をノックして「すみませーん！」というわけにはいかない。インターフォンを押して要件を伝えると、言い終わらないうちに、ガチャッと切られてしまう。創業して3カ月間、靴底を減らして営業に歩いても契約はゼロだった。

セキュリティの需要があるだろうお宅に到達しても、お客様本人に到達することができない。顧客も、必要は感じているのにこちらに到達することができない。問題はむしろ後者で、創業時のセコムにとって、「顧客はいかに到達するか」との問いは事業の存続を左右する大きなテーマとなった。

そこでセコムは、外車のディーラーと提携し、車を購入したお客様にセコムのサービスを紹介してもらうことにした。外車を購入する人は経済的に豊かな人が多く、家の防犯対策のためセキュリティサービスに関心をもってくれる可能性が高いと考えられたからだ。紹介であればインターフォン越しで話を切られてしまうこともない。サービスの内容とメリットを最後まで聴いてもらえる。

顧客はいかに到達するか。セコムの場合、「顧客は外車のディーラーを介して到達した」。では、御社の場合、御社の顧客はいかに到達するだろうか。経営チームで考えを出し合って、共通の答えを決めていただきたい。

Question

お客様はわが社の商品をどうやって見つけることができるか

ここまで、「わが社が心から喜んでもらいたいと願う人は誰か」「複数の顧客」「現実の顧客は誰か」「潜在的な顧客は誰か」「顧客はどこにいるのか」「顧客はいかに買うか」「顧客はいかに到達するか」といったさまざまな角度から考えを巡らしてきた。それらを総じて、「われわれの顧客は誰か」という問いに対する答えを出そう。経営チームで考えを出し合って、共通の答えを決めていこう。

ここで1つ補足したい。お客様は神様だということではない。信仰する側にも神を選ぶ権利があり、信仰の対象をしっかり選ばなくてはならない。事業も同じである。

フェラーリが、ある人から安価な軽タイプの車種がほしいと言われたとする。フェラーリはその人の声を取り入れ、軽タイプの車種をつくらなければならないのだろうか。そんなことはない。フェラーリはそんな声には耳を傾けない。

軽タイプの車種がほしいという人は、ほかのメーカーの軽自動車を手に入れてくれればそれでいい。フェラーリにとって軽タイプの車種がほしいという人は、自分たちが対象とする顧客ではないからだ。「われわれの顧客は誰か」を明らかにするということは同時に、「われわれの顧客でない人は誰か」をはっきりさせることでもあるのだ。

Question

われわれの顧客でない人は誰か

やめたほうがよい顧客はいるか

サービス業など接客を主たる仕事をしている友人に話を聞くと、「さすがにそれはあり得ない」と思う苦情を訴えてくる人がいるという。いわゆる、モンスタークレーマーと称される種類の人だ。そのような人は本当にお客様なのだろうか。そんな視点で考えてみることが、「やめたほうがよい顧客はいるか」だ。

「苦情を言ってくる人はわが社のお客様ではない。わが社はそんなお客様より社員を大切にする。たとえ、その人がお客様でなくなったとしても」

こうきっぱりと言い切る会社がある。

その会社はアメリカの航空会社、サウスウエスト航空だ。サウスウエスト航空の社員は礼儀正しく顧客に接しているが、会社の方針として、好ましくない顧客には他の航空会社を利用してもらうよう勧めることで知られている。アメリカで発刊されているビジネス誌『有名人の横顔』に次のような記事が掲載されている。

「サウスウエスト航空のCEO、ハーブ・ケレハーは言う。顧客がいつも正しいとは限らない。顧客が間違ったことを言っていることもある。正しくない苦情に対応させることは、上司が部下にやらせてはいけない最大級の背信行為である。上司たる者、正しくない苦情の対応を部下にさせてはいけない。わが社は社員に苦情を言うお客様はお断りしている。わが社は苦情を言うお客様に、『わが社の社員を侮辱しないでほしい。今後は他社の飛行機に乗ってください。さようなら』という手紙を送って、そのお客様とお別れする」

お金を払っている側だからといって横柄な態度をとったり、取引金額が多いからといって無理難題を押しつけてきたり、大幅な値引き要求をしてくるようなお客様は御社にいないだろうか。そのような会社の担当者になった社員が、胃に穴を空けたり、メンタルを壊したりして辞めてしまうというようなことが起こっていないだろうか。

経営チームで実情を共有し、社員さんのためにどうすべきかを話し合ってほしい。「われわれの顧客は誰か」を明らかにするということは、同時に、「やめたほうがよい顧客」をはっきりさせることでもある。

Question

やめたほうがよい顧客はいるか?

顧客を絞り込む

畳の産業はフローリングやカーペットの普及によって、需要は激減した。そのようななか、廃業寸前だったある畳屋さんは、息を吹き返したかのように飛躍的に事業を成長させた。

「もう事業として成り立たない。店じまいするしかないか…」

ある畳屋の社長はそんなことを考えながら、ある居酒屋でランチをしていた。店内を見渡すと、畳は煙草の焦げ跡だらけだった。畳屋の社長は、居酒屋さんの店長にこう言った。

「あの煙草の焦げ跡だらけの畳、みっともないでしょう。どうして替えないんですか?」

居酒屋の店長は答えた。

「いやぁ〜、替えたいのはやまやまだけど、ウチは年中無休で、畳を替える時間がないんですよ。もし夜中に畳を替えてくれるところがあれば、お願いしたいけど…」

それを聞いた畳屋の社長は、間髪入れずこう言った。

「それなら、夜中にやりますので、ぜひお仕事をやらせてください」

その畳屋は、その居酒屋の仕事を引き受けることになった。畳屋の社長は、きっとほかにも同じことで困っている飲食店があると考え、営業時間を飲食店の閉店時間に変えた途端、年中無休の飲食店から畳の張り替えの仕事が入るようになった。多くの飲食店が同じ悩みを抱えていたのだ。

これは「売り込み」から生まれた成果ではなく、「お客様の事情」を考えたことから生まれた成果である。

われわれの顧客は誰か。この時の畳屋さんの顧客は「年中無休の飲食店」だった。

では、御社の顧客は誰だろうか。

ドラッカー5つの質問　第2の質問

われわれの顧客は誰か

ミッションを決めるうえで、答えるべき最後の問いがある。しかも、それが最も重要な問いだとドラッカーは言っている。それは、次の章「第3の質問 顧客にとっての価値は何か」でお伝えしたい。

「顧客にとっての価値は何か」に取り組むことによって、何をすべきで何をすべきでないかがくっきりと浮かび上がる。

第3の質問

顧客にとっての価値は何か

顧客は自分の価値を買っている

「わが社が売っているものはこれである」ではなく、「顧客が得られるものはこれである」。その内容を明らかにしよう。それが「第3の質問 顧客にとっての価値は何か」である。

優れた基礎技術でありながら、まったく活用されていないものがたくさんある。実用化に至るまでの研究開発に多額の予算を必要とするからだ。それらの研究開発は、とても民間企業では手に負えない。そのような中、実用価値が広く、社会にもたらすメリットが大きいものを選びながら、研究開発の経済支援を行っている組織がある。国立研究開発法人 新エネルギー・産業技術総合開発機構 New Energy and Industrial Technology Development Organization（以降、NEDO）である。

NEDOは、よりよい社会をつくるために、年間約1400億円の予算をもち、エネルギー、ロボット、IoTといった幅広い分野で、優れた技術の実用化を助けている。

私は出張でシリコンバレーに行った際、現地の所長からこんな話をうかがった。

「日本は商品からスタートしてモノづくりを考える。シリコンバレーは、人々が今何を求めているのか、何を提供したらよりよい生活になるのかといった発想でコトづくりを追求する。大事なことは商品ではなく、その商品によって生まれる人々の満足だ」

私たちはつい、「何を売るか」から考えはじめてしまう。「売る」という言葉は売り手側の表現にすぎない。お客様の側に立って表現すれば「買う」ということだ。御社のお客様は御社から何を買っているのだろうか。「うちの商品に決まってる」、そう思われるかもしれない。本当にそうだろうか。

ドラッカーはこう言っている。

「顧客は製品を買ってはいない。欲求の充足を買っている。彼らにとっての価値を買っている」（『現代の経営』）

お客様が買っているのは、商品そのものではなく、商品を通じて自分が得たい「何か」を手に入れている、ということだ。私たちは、寒い時は暖房をつけ、暑い時は冷房をつける。部屋が汚れれば掃除機で掃除する。電気を使い、電気代を払っている。しかし、手に入れているのは電気そのものではなく、明るさ、暖かさ、涼しさという快適さである。同じように、御社のお客様も、手に入れているのは商品・サービスそのものではなく、ほかの何かである。ゆえに、その何かを理解しなければ、何をすべきかすら決められない。「わが社が売っているもの」ではなく、「顧客が得られるもの」を先に考えなければならないのだ。

顧客が買っているものは何か

キャデラックはご存じのとおり、世界を代表する高級車ブランドとして知られ、アメリカの大統領専用車としても利用されている。また、多くの国で王侯貴族や政府関係者の車に使われているほか、富裕層に愛好されている。

キャデラックの競争相手となるのは、同じ車メーカーではなく、自家用飛行機、高額な別荘、豪華なリゾート、何億円もする宝石を提供しているような会社だ。顧客が買っているものは何か。キャデラックを買っている人たちは、車という「移動手段」を買っているわけではない。成功の証、安全、資産という「満足」を買っているのだ。

では、御社の顧客が買っているものは何だろうか。

Question

御社の顧客が買っているものは何か

9つの問い

お客様が買っているものは、お客様自身にとっての価値であり、わが社はお客様に最高の価値を提供するために努力し続けていかなければならない。ドラッカーは「顧客にとっての価値とは何か」が本当に重要な問いだとし、次のように言っている。

「本当に重要な問いは、稀にしか提起されない問いである。しかし、それらの問いこそ、われわれに予期せぬものを教えてくれるものである」（『創造する経営者』）

予期せぬものとは、「筋立てて推しはかれないもの」である。そして現実はむしろ、推しはかれないことのほうが多い。

これからお伝えする9つの問いに取り組むことによって、「筋立てて推しはかれないこと」を見出していくことができる。

1　自社の製品を購入しない人たちは誰か

「われわれの製品を購入しない人たちは誰か。なぜ彼らは顧客になっていないのか」

御社がどんなに多くのお客様をもっていたとしても、お客様になっていないお客様のほうが多いはずだ。たとえ市場占有率30％の顧客数をもっていたとしても、70％はお客様でない。30％のお客様で起こる変化よりも、70％のお客様でないお客様で起こる変化のほうが市場に与える影響はずっと大きい。したがって、「お客様になっていないお客様は、なぜお客様になってくれていないのか」ということを知っておかなければならない。それを知らないままにしておけば、お客様になっていないお客様に何をしたらいいかわからないままになってしまう。だから、「お客様になっていないお客様は、なぜお客様になってくれていないのか」ということについて知ろう。それが、「われわれの製品を購入しない人たちは誰か。なぜ彼らは顧客になっていないのか」である。

家庭用の工具をつくっているメーカーがあった。そのメーカーは「家を買ったばかりの新婚夫婦」に向けて、商品の販売に取り組んでいた。日用大工センターにその商品を置いてもらった。しかし、その商品はまったく売れなかった。

困ったメーカーは調査を行った。調査の結果、「家を買ったばかりの新婚夫婦」は日用大工センターに来ていないことがわかった。「家を買ったばかりの新婚夫婦」に商品の存在さえ知ってもらえていなかったのである。

「家を買ったばかりの新婚夫婦」が日用大工センターに足を運ばない理由は、小さい子供がいるため平日も土日も家で過ごしていたからだった。日用大工センターに商品を置いても売れないことがわかったそのメーカーは、ショッピングセンターに商品を置けば売れるだろうと考えた。商品を販売する場所を日用大工センターからショッピングセンターに移した。すると、商品が売れはじめ、売上が上がるようになった。

「家を買ったばかりの新婚夫婦」に向けて開発したその商品の成功を喜びつつ、再び調査を行った。すると、予想外のことが見えてきた。商品を買ってくれているのは、「家を買ったばかりの新婚夫婦」ではなく、「家を買って5年以上たつ夫婦」だった。予想は外れたが、気づくことのできないことに気づくことができた。

われわれの製品を購入しない人たちは誰か。なぜ彼らは顧客になっていないのか。

当初、「家を買って5年以上たつ夫婦」は家庭用の工具をつくっているメーカーの顧客ではなかった。理由は、ショッピングセンターでその商品を取り扱っていなかったからだった。

では、御社の商品を購入しない人（または会社）は誰か。なぜその人（または会社）は顧客になっていないのか。さらに多くのお客様にお応えしていくために、経営チームで話し合って、「わが社の製品を購入しない人たちは誰か。なぜ彼らは顧客になっていないのか」を明らかにしてほしい。

Question

わが社の製品を購入しない人たちは誰か。なぜ彼らは顧客になっていないのか

2　顧客は何を買うか。お金と時間をどう使っているか

あなたは何にお金と時間を使っているだろうか。何にお金と時間を使っているかということに、あなたの価値観がそのまま表れる。人間は価値と感じていないものにお金と時間を絶対に使わないからだ。

お客様は何にお金と時間を使っているかがわかれば、お客様の価値観を知ることができる。お客様の価値観がわかれば、お客様に何をすべきで何をすべきでないのかがはっきり見えてくる。

1960年代後半生まれの私の若い頃は、車をもっていることがカッコいい男の象徴だった。私は常に流行に乗っていけない種類の人種だった。その当時のティーンエイジは、車のローンに月々の駐車場代、そしてガソリン代に多くのお金を使っていた。車を所有することによって、好きな人と好きな時間に好きなところに行けるという価値を手に入れていたのだろう。現在のティーンエイジは比較的、スマホの通信料にお

金を使っているのではないだろうか。スマホを所有していることによって、いつでもどこでも誰にでも連絡が取れるという価値を手に入れている。

明治時代に株式会社の制度が生まれて以降、経済の分野で働く人は、人脈づくりと学習に多くのお金と時間を使ってきた。時代の変化に伴って現在は起業する人が増えた。ＳＮＳの普及によって告知と集客の難易度が低くなったという認識の表れによって、○○講座、○○交流会、○○セミナーといったものが急激に増えた。現在は、経済の分野で働く人だけでなく、家庭の主婦までもが人脈づくりと学習に多くのお金と時間を使っている。それらの人々は、より価値ある人生を送るために自分を高めてくれる人と出会い、自分が思い描く成功を手に入れるために必要な知識を得る、という価値を手に入れようとしている。

では、御社のお客様はお金と時間を何に使っているだろうか。

Question

わが社の顧客は何を買うか。お金と時間をどう使っているか

3 顧客、あるいはノンカスタマーは他社から何を購入しているか

外食産業の市場規模は、1997年代は約30兆円あった。その後、外食産業では24時間営業というサービス形態が一般化し、深夜でもファミリーレストランは多くの人で賑わうようになった。

1980年代後半から、コンビニエンスストアの店舗数が急激に増えはじめた。いまや、コンビニエンスストアの食料品の品質は侮れない。わざわざファミリーレストランまで足を運ばなくても、そこそこ美味しいものが食べられるようになった。コン

ビニエンスストアの普及によって、深夜にファミリーレストランに足を運ぶ人が激減した。２０１４年には30兆円あった外食産業の市場規模は25兆円にまで落ちた。

顧客、あるいはノンカスタマーは、他社から何を購入しているか。かつてファミリーレストランの顧客だった人たちは、コンビニエンスストアから「遅い時間でも美味しいもので空腹を満たせる」という価値を購入している。

では、御社の顧客、あるいはノンカスタマーは、他社から何を購入しているのだろうか。

Question

顧客、あるいはノンカスタマーは、他社から何を購入しているか

4　わが社が提供しうる製品やサービスのうち、本当に重要な満足を提供しているものは何か

コピー機を開発した米国ゼロックスは、大きな需要があることを確信していた。すでに輪転機と言われる円筒状の印刷版の間に紙を巻取り大量に印刷する技術が普及していたからだ。多くの営業マンが各企業にコピー機を売り込んだ。しかし、コピー機は1台も売れなかった。

開発当初は、コピー機は非常に高額なものだった。そのため、どの企業でも、部下が書類を作成して上司に申請する必要があった。ゼロックスからコピー機の説明を聞いた人は、「コピー機がいいのはわかった。でも、わざわざ自分がそんな高額なものの購入を、会社に申請する労を担うことはない」と考え、話は進まなかった。

困ったゼロックスは、「わが社が提供しうる製品やサービスのうち、本当に重要な満足を提供しているものは何か」を考えた。検討の末、ゼロックスが気づいたのは、

顧客にとって本当に重要なのは、「コピー機と呼ばれるマシーン」ではなく、「1枚1枚のコピー」だった。

本当に重要なことがわかれば、本当に重要な課題が見えてくる。何を変えるべきかが見えてくる。ゼロックスは事業の活動内容を変えた。「コピー機を買ってもらう」という事業活動をやめて「コピー機を置いてもらう」という活動に切り替えた。

営業マンの提案はこう変わった。

「コピー機を買わなくて結構です。オフィスの空いているところにコピー機を置いていただけませんか。使った分だけ請求させていただきます。故障した場合は、連絡をもらえれば、エンジニアが保守に参りますのでご安心ください」

わが社が提供しうる製品やサービスのうち、本当に重要な満足を提供しているものは何か。ゼロックスが提供する製品のうち、本当に重要な満足とは「1枚1枚のコピー」だった。

では、御社が提供しうる製品やサービスのうち、本当に重要な満足を提供しているものは何だろうか。

Question

わが社が提供しうる製品やサービスのうち、本当に重要な満足を提供しているものは何か

5 いかなる状況が、わが社の製品やサービスなしでもすむようにしてしまうか

2001年、アップルはiPodを発表した。商品が売り出されるや、大勢の人が買い求めた。瞬く間に、iPodは世界に広まった。同じ頃、携帯電話の販売台数も鰻登りだった。また、デジタルカメラの売れ行きも勢いよく伸びていた。

ところが、携帯電話にカメラ機能がついた瞬間から、デジタルカメラの売れ行きの勢いは落ちた。そのようななか、アップルはiPodの販売台数を順調に伸ばしていった。iPodの販売台数が約1万台に達する頃、米国のアップル本社の社内は盛り上がって

いた。幹部を含め大勢の社員が、自分たちが手がけた商品の成功を喜んでいた。一人を除いて…。その一人とは、スティーブ・ジョブズだ。ジョブズは幹部を集めてこう言った。

「喜んでいる場合じゃないぞ。みんなも知っているだろう。急激に伸びていたデジタルカメラは、携帯電話にカメラ機能がついた瞬間から売れ行きが落ちた。iPodも同じだ。携帯電話で音楽が聴けるようになったらどうなると思う？　デジタルカメラと同じだ。だから、次に行くんだ。俺たちが次に行く分野は、電話だ」

アップルは、iPodが大きな成功を収めている時、すでにiPhoneの開発をスタートした。

いかなる状況が、わが社の製品やサービスなしでもすむようにしてしまうか。携帯電話で音楽が聴けるようになれば、アップルのiPodなしでもすむようになってしまう。ジョブズはそんな危機感を抱いた。

では、御社は、どんな状況が、御社の製品やサービスなしでもすむようにしてしまうのだろうか。

Question

いかなる状況が、わが社の製品やサービスなしでもすむようにしてしまうか

6 顧客の考え方や経済的な事情からして意味ある商品群は何か。何が商品群をつくるか

「商品群」とは聞き慣れない響きだが、「どの商品とどの商品を一緒に提供するのがお客様にとって有効なのか」を言い表す用語である。

セブン-イレブン・ジャパンは、2013年からコーヒーを提供するサービスをはじめた。セブンカフェと言われるそのサービスは、7月には累計1億杯を突破した。同年9月には、全国で約15万8000店に導入し、コンビニエンスストアでコーヒー

を買うという新しい消費行動を根づかせた。次いで、2014年にセブンカフェ ドーナツというサービスを開始し、翌年の2015年には全国1万7000店にセブンカフェ ドーナツを導入した。セブン-イレブンでは、コーヒーを購入する人の2割が、ドーナツやサンドイッチ、菓子パンやスイーツなどを購入するようになったという。また、朝食と一緒に購入する人も増加した。

顧客の考え方や経済的な事情から見て、意味ある商品群は何か。何が商品群をつくるか。

100円のコーヒーを買うお客様は一緒に100円のドーナツを買った。セブン-イレブンは、コーヒーとドーナツという商品群をつくった。コーヒーとドーナツを一緒に提供することはお客様にとって有効だった。

では、御社の場合、顧客の考え方や経済的な事情からして意味ある商品群は何か。何が商品群をつくるだろうか。

Question

顧客の考え方や経済的な事情からして意味ある商品群は何か。何が商品群をつくるか

7 競争相手になっていない者は誰か

1995年、ホワイトボードが一時的に売れなくなった。文具メーカーは原因の究明に困った。1995年と言えば、ウィンドウズ95が出た年だ。同時にパワーポイントというプレゼンテーション用ソフトウェアも発表された。多くの企業は、パワーポイントというソフトウェアがあれば、会議室にホワイトボードはいらないと考えた。

しかし後になって、「パワーポイントはあらかじめ用意したものを投影するには便利でも、その場で出た意見を文字として表し、それを全員で見るためにはホワイトボー

ド が必要だ」と多くの人が気がつき、ホワイトボードの需要は1年足らずで元に戻った。
ドーナツの国内シェアは1300億円。そのうちの80%をミスタードーナツが占めていた。2015年に、セブン-イレブンがドーナツの販売を始めた。長年、ドーナツ市場の王として国内シェアを多くをもっていたミスタードーナツの市場が浸食されつつある状況となった。

2016年、居酒屋の業界は客数が減少した。理由は、2015年に、フレッシュネスバーガーが夕方17時から23時の時間帯に1時間限定で「ワインが980円で飲み放題」「500円で生ハム食べ放題」というサービスをはじめたことだった。加えて、牛丼を主力商品とする大手外食チェーンストア吉野家は、「チョイと一杯」というキャッチフレーズで「吉呑み」というサービスをはじめた。多くのお客様が、フレッシュネスバーガーや吉野家に流れていた。

競争相手になっていない者は誰か。文具メーカーはソフトウェア会社が競争相手になるとは想像しなかった。居酒屋もフレッシュネスバーガーや吉野家は競争相手として見ていなかった。ミスタードーナツもコンビニエンスストアが、まさか自分たちの市場に参入してくるであろうとは考えもしていなかった。業種が違うからだ。

ところが、現実は同業種ではないところに、お客様をもっていかれた。これは、過去の話ではなく、今日起こっていることであり、明日御社に起こることである。

御社にとって、競争相手になっていない者は誰だろうか。

Question

競争相手になっていない者は誰か

8 わが社には見えていず、試みてもいない機会はどこにあるか

●市場を次々に広げたアップル

アップルはいまや誰もが知る、アメリカ合衆国カリフォルニア州に本社を置くインターネット関連の製品を提供している会社だ。創業時はパソコンをつくり、パソコン市場で大きな成功を収めた。その後、iPodで音楽市場に進出し、iPhoneで電話市場に進出、その成功によって、スマートフォンという新しい市場を生み出した。次いで、アップルウオッチという製品で時計市場に進出し、アップルペイというサービスでクレジットカードの分野にまで市場を広げた。

製品の核はCPUとメモリとハードディスクからなるものだが、アップルは次から次へと試みてもいない機会へ事業を拡大させていった。現在は、車の分野に、その活躍の場を広げようとしていることはすでにご存じのとおりだ。

●ファミリー向けの車を開発したポルシェ

ポルシェという車の名前は耳にしたことがあると思う。あるテレビ局がポルシェに関するインタビューを行った。「ポルシェと聞いてどんな印象を受けますか？」という質問に対して、返ってきた答えは次のようなものだった。

「お金持ちが乗る車」「スポーツカー」「高級車」「二人しか乗れない車」「高い」「若くてお金をもっている男性が乗る車」。

「いくらくらいすると思いますか？」という質問に対して「５０００万円くらい」と答えた人もいた。

そのポルシェが２０１０年、「マカン」という新しい車種を発表した。ファミリー向けのポルシェである。ファミリーカーでありながらスポーツカーのような走る喜びを味わえる。同時に、スポーツカーでありながらファミリーカーとして使える便利さが得られる。ポルシェはこれまで、独身男性向けに車を提供していた。

わが社には見えていず、試みてもいない機会はどこにあるか。ポルシェにとって、わが社には見えていず、試みてもいない機会はファミリー向けの市場だった。では、御社にとって、わが社には見えていず、試みてもいない機会はどこにあるだろうか。

Question
わが社には見えていず、試みてもいない機会はどこにあるか

9 顧客の現実であって、わが社に見えないものは何か

アスクルが、「文具メーカー」から「オフィスに必要なものをすべてお届けする流通業」に進化した。

アスクルは、お客様の声を徹底的に吸い上げていった。それをまとめたシートに、「透明色のパッケージの芳香剤がほしい」と書かれたものがあった。確かに、芳香剤の入

れ物はたいていショッキングピンクや奇抜な紫色といった目立つ色にデザインされているものが多い。

芳香剤の機能は2つだろう。嫌な臭いを除去してくれることと、いい香りを放ってくれることだ。

「芳香剤の機能とパッケージの色がどう関係するのだろうか」――そんな疑問が残ったが、アスクルはお客様の声を正面から受け止め、芳香剤を納品してもらっていたエステー株式会社に、特別に透明色のパッケージの芳香剤をつくってもらうようお願いした。すると、拒否された。

エステーの主張はこうだった。

「芳香剤の機能は嫌な臭いを除去することといい香りを放つことだけではない。その部屋にいらしてくださった方に気を使ってますよ、ということが伝わるように、芳香剤は目立たなければならない。それも芳香剤の機能の1つだ。だから、透明色のパッケージの芳香剤はつくれない」

しかしお客様は、透明色のパッケージの芳香剤がほしいと言っているのだ。結局、エステーは透明色のパッケージの芳香剤をつくってくれるようになった。

特別につくってもらった透明色のパッケージの芳香剤がアスクルのカタログに載った途端、芳香剤の売上は何倍にも伸びた。

いったいどういうことだろう。アスクルが調べたところ、有名ホテルはショッキングピンクや奇抜な色でデザインされた芳香剤を敬遠していた。「その奇抜な色はうちのホテルの品を損なう」と考えていたのだ。しかし、「この透明色の芳香剤なら気にせずにお手洗いに置ける！」ということになり、多くのホテルがその透明色の芳香剤を使い出した。

多くのお客様は、「その部屋にいらしてくださった方にアピールする芳香剤」など望んでいなかった。むしろ、目立たない透明色の芳香剤を望んでいたのだ。エステーは、自分たちのお取引先であるアスクルが、透明色の芳香剤がほしいというお客様の声を吸い上げたお陰で、はじめてお客様が望んでいることを知ることができたのである。

顧客の現実であって、わが社に見えないものは何か。「透明色の芳香剤がほしい」というのが顧客の現実であって、エステーには見えていないものだった。

御社の顧客の現実であって、御社に見えていないものは何だろうか。

Question

顧客の現実であって、わが社に見えないものは何か

実際に起こっていることを9つの側面からお伝えした。現実は筋立てて推しはかれないことのほうが多い。お客様が本当に望んでいるものを見つけ、さらにお客様にお応えできるように今日の事業に工夫を加えていっていただきたい。お客様にお応えしていってこそ、御社にさらなる繁栄があるからだ。

外に出て、見て、聞く

今日のお客様の変化が、明日の事業を決定づける。そのお客様の変化は、会社の中では起こっていない。会社の外で起こっている。必要な情報はすべて会社の中にではなく、会社の外にある。お客様が買うのは、自分のほしい物であり、必要な物である。では、お客様のほしい物、必要な物をどうやって知ることができるのだろうか。ドラッカーはこう言っている。

「憶測してはならない。顧客のところへ行って答えを求める作業を体系的に行なわなければならない」『現代の経営』

経営者に上がってくる報告は、高度に抽象化された情報にすぎない。重要なのは、お客様が望んでいることを勝手に推しはかるのではなく、お客様の姿を目で見て、耳で聞くということだ。お客様が望んでいることを知る仕事に順序立てて取り組んでいくことだ。

商品の価値を決めるのはお客様だ。社長も社員も商品に精通しているがゆえに、逆に見えないものがある。お客様の声に耳を傾け、お客様の行動を理解する組織がうまくいく。

クロレッツガムは、1粒の大きさに対して、包み紙がかなり大きい。刺激が強いクロレッツガムの1粒は、小さなサイズにつくられている。包み紙のサイズは当初、粒のサイズに合わせてつくられていた。

しかしお客様の行動を見ると、1粒が小さいために1回に2粒から3粒いっぺんに口に入れる消費者が多いことがわかった。そしてそうしたお客様は、噛み終わったガムを出す時に不便を感じていた。包み紙は1粒サイズでつくられているため、口から出したガムが包み紙に収まらなかったのだ。

その消費者の行動から、2粒や3粒でも口から出したガムがはみ出ないように包み紙の改良が行われた。

見えない工夫が、結果として、消費者の満足に良い影響を与えている。

1970年代まで音楽は、室内で聴くものだった。ソニーの創業者の一人盛田昭夫氏は、出張でアメリカに行った時に、ラジカセを持ち出して野外で音楽を聴く若者の姿を目にした。

盛田氏にとってその光景は、外で音楽を聴きたいと思っている多くの若者の欲求が満たされていない表れと見えた。そう確信した盛田氏は、ウォークマンを考え出し、1979年にウォークマンの第1号を発表した。

顧客の声を聞く

大勢の訪日外国人が切符売り場の前で茫然と立ちつくしていた。京浜急行線の羽田空港駅だ。訪日外国人は、鉄道が複雑に絡み合う日本の鉄道網に戸惑いを覚え、スムーズに切符を買うことができなかった。

2010年、羽田空港内に訪日外国人向け観光案内所が新設された。その案内所には常に、英語、広東語、韓国語、北京語に対応できるコンシェルジュがいる。いわゆる案内人だ。彼らは切符を買い求める訪日外国人に、切符の買い方や観光スポットの行き方などを案内している。口コミで顧客は増え、現在では年間約30万人の訪日外国人がその案内所を利用している。

案内所では、どの国から来た人か、どこの観光スポットに行こうと考えているのか、どこの駅までの切符を買ったのか、それは男性客か女性客か、対応した内容はすべて記録に残されている。その膨大な履歴から顧客のニーズがわかった。もちろん企業秘密だ。

顧客の肉声で顧客のニーズをつかんでいる鉄道会社はほとんどない。京浜急行電鉄だけが訪日外国人のニーズをつかんだといえる。

京浜急行は2015年、訪日外国人のニーズに応えようと、中国から羽田空港行の飛行機の機内で、観光スポットの案内と1日フリーパスチケットの販売をはじめた。多くの訪日外国人が、機内でその1日フリーパスチケットを買った。日本に到着した後の煩わしい切符の購入を省けるのは訪日外国人にとって魅力的だったからだ。

こうして京浜急行は、羽田空港に到着する前に、訪日外国人を顧客として獲得することに成功した。２０１６年度は約24万人の訪日外国人が京浜急行線を利用することとなり、京浜急行電鉄は過去最高の業績を上げた。

伸びている企業は必ず顧客に応えている。顧客に応えている企業は必ず顧客の声を聞いている。奇をてらったことを考えるより、基本を大切にしている企業が成功を収めている。

ここまで、「顧客が買っているものは何か」「顧客にとって重要な価値は何か」「９つの問い」といったさまざまな角度から顧客を徹底的に考えてきた。いままで見えていなかったものがくっきり見えてきたはずである。

わかったことを総合して、「顧客にとっての価値は何か」という問いに対する答えを出そう。

経営チームで考えを出し合って、共通の答えを決めていただきたい。

ドラッカー5つの質問　第3の質問

顧客にとっての価値は何か

「第3の質問　顧客にとっての価値は何か」で導き出した答えは、御社が対象とする顧客が望んでいることである。それは、「第1の質問　われわれのミッションは何か」で明らかになった、わが社が実現したいと考えていることと一致しているだろうか。

第4の質問

われわれの成果は何か

何が成果かを決めるのか

何をもって成果とするのかを問いただし、どのように成果をはかっていくかをはっきりさせよう。それが「第4の質問 われわれの成果は何か」である。

「今月は患者さんがどれくらい良くなったかわからないが、売上が上がったからオーケーだ。みんなよく頑張ってくれた。来月もその調子で頑張っていこう」

もしそんな病院があったら、あなたはその病院には行かないだろう。私も行かない。

ところが、「御社の成果は何ですか？」とお尋ねすると「売上以外に何があるのですか？」と聞き返されることがある。

どんな事業もお客様のためにある。だから売上は成果ではない。お客様のためになって初めて成果と言える。

ドラッカーはこう言っている。

「組織の成果はつねに外部に存在する。企業の成果は顧客の満足であり、病院のそれは患者の治癒であり、学校のそれは生徒が何かを学び10年後にそれを使うことである」（『新しい現実』）

会社の中にあるのはコストだけだ。事業の成果は事業の向こうにいるお客様で起こる。事業の成果は売上でも利益でもなく、お客様が喜んでくださることだ。会社の成果はお客様の満足であり、病院の成果は患者さんが元気になることであり、学校の成果は生徒が学んだことを生かすことだ。レストランであれば美味しかったと思ってもらうことだ。

塾の講師であれば生徒の志望校の合格者数、テレビのプロデューサーであれば視聴率、映画のプロデューサーであれば観客動員数。どんな事業にも、売上以外に成果とすべきものが必ずある。

御社は、現在何を成果としているだろうか。

成果は、ミッションの延長線上にある。ミッションを掲げながら、事業がミッションに向かって進んでいなければ、企業価値が問われる。言っていることとやっていることが違うからだ。

何を成果とするか、その内容が「企業価値」と「働く人の頑張る理由」を決定づける。ミッションに向けて事業を進めているということはどういうことなのか。深く理解していただくために、具体的な事例を通してお伝えしたい。

これが、われわれの成果だ

●寝たきりをなくす

１９７５年、脳神経外科の医師となった人がいる。その医師は脳腫瘍の患者を手術した。脳腫瘍をすべて摘出し、手術は無事に成功した。しかし、その後、その患者は「寝たきり」の人となってしまった。

患者の病気は何とかできても、その人の生活のためには何もできない――。そんな現実を突きつけられたその医師は、「何のために医療をやっているのか」という疑問を抱いた。

なぜ、脳腫瘍の摘出に成功した患者がその後、「寝たきり」になってしまったのか。当時はまだ手術したあとのケアは考えられていなかった。手術によって体力にダメージを受けた患者は一定期間療養が必要だ。しかし、そのまま放っておけば、やがて体が動かなくなり、結果として「寝たきり」となる患者を増やすことになってしまっていた。

そこで、「手術したあと、回復を専門とする病院があれば寝たきりはなくなる」と考えたその医師は、「リハビリテーション専門の病院をつくってこの世から寝たきりをなくそう」と決意した。リハビリテーションとは、動かなくなった筋力や関節の機能を回復させるための訓練だ。

２００２年に、その病院は開業された。初台リハビリテーション病院である。２０１６年には患者の在宅復帰率は87％と大きな成功を収めている。高い回復率の秘訣は、患者の治療にチームで当たることと治療法にある。具体的には、医師、看護師、理学療法士、言語聴覚士、作業療法士等10人の人間が一枚岩のチームになって一人の患者を診ている。

治療の方法は、食事は病室でとらず、全員が食堂でとる。食堂に自分で歩いていくことも、リハビリテーションの一環だという。それが、筋力や関節の機能を回復させる訓練になるからだ。

食事をつくっているのは、ホテルでシェフとして働いていた人や、元料亭の板前さんだ。「体が思いどおりに動かなくなって落ち込んでいる時にこそ、美味しいものを食べて元気になってもらいたい」という想いからだ。

◆初台リハビリテーション病院の第４の質問までの内容は次のとおり。

第1の質問　われわれのミッションは何か
寝たきりをなくすこと

第2の質問　われわれの顧客は誰か
このまま放っておけば寝たきりになってしまう患者

第3の質問　顧客にとっての価値は何か
日常生活を送れるようになりたい

第4の質問　われわれの成果は何か
患者さんが日常生活を送れるようになること

病院というとどうしても一般企業とかけ離れた存在として受け止めてしまうかもしれない。そこで次に、利益を出すべく運営しながらも、ミッションに向けて事業を進めている企業を紹介しよう。

●貧困のない社会をつくる

バングラデシュは、日本の約半分の国土に人口1億6000万人が住む世界最貧国だ。多くの子供たちが貧困のために教育を受ける機会を失うため、50％の人が読み書きができない。その結果、貧困が再生産されていく。国際的に資金的援助を受けているはずだが、多くの人は貧困を脱しきることができないままでいる。

バングラデシュには国を支えるほどの資源もなく、また国を支えるほどの技術力もない。国民の7割が農村に住み、6割は農業に従事している。仕事の量が国民に行き渡らないため、多くの人は仕事がしたくでも仕事がなく、当然収入もない。住む家がないので、多くの人が路上で生活をしている。40％の人が最低限の食事さえできず、数多くの人が栄養失調で路上で餓死している。

首都ダッカにチッタゴン大学という大学がある。そこで経済学を教えているムハマド・ユヌスという人がいる。彼はある日考えた。

「私はかつて、学生たちに対して、経済理論とはあらゆるタイプの経済問題を解決してくれるものだと教えることに喜びを感じていた。しかし人々が目の前の歩道や玄関の前で飢え死にしている時、彼らの現実の生活を反映している経済理論はどこにあるのだろうか？　貧しい人々の本当の暮らしを理解し、近くにある村で毎日実際に使われるような本当に生きた経済学をみつけたい……。私は、もう一度学生になることを決意した。農村が私の大学だ。そして貧しい人たちが私の教授だ」

彼は貧しい人がいる村に足を運び、貧しい人と会話をし、その実態と貧困の原因を探していった。やがて、一人当たり27ドルの資金援助と事業支援をしてあげれば、多くの人が経済的に自立することが可能になる、ということを見出した。彼を中心として、貧しい人に手を差し伸べるその活動が始まった。その活動は、１９８３年、グラミン銀行という名称で法人化された。

彼には強い信念があった。「人間は本来、ビジネスをする創造性と技能をもっており、所得を生み出すことができる。機会さえ与えられれば、貧しい人でも貧困から脱却して、自分と家族のためにより良い生活を創り出すことができる」

それがグラミン銀行の理念だった。

ここではあまり売上や利益についてはふれていない。ふれていないだけで、重要でないとは言っていない。言うまでもなく、売上や利益は重要だ。

ドラッカーはこう言っている。

「経済的成果が上げられなければ、マネジメントは失敗である」(『現代の経営』)

事業は売上を上げれば成功というわけではないが、売上と利益が上げられなければ失敗である。ゆえに、売上と利益は上げていかなければならないが、同時に、売上と利益だけを見ていくことの危険性もある。

ドラッカーはこうも言っている。

「財務上の収支だけを成果の測定尺度として活動の目的とするならば、長期にわたって繁栄することはもちろん、生き残っていくことも覚つかなくなるに違いない」（『非営利組織の経営』）

売上の額だけを見て事業を進めていくならば、会社は生き残ることはできない。売上の額だけしか見ていなければ、何を改め、何を工夫し、何をはじめていいか、わからなくなるからだ。お客様の求めるものが変わっても、同じことを続けることになる。お客様は離れていく。当然、売上は上がらなくなる。だからつねに、「お客様にどれくらいお役に立っているか」を見ていかなければならないのだ。

◆グラミン銀行の第４の質問までの内容は次のとおり。

第１の質問　われわれのミッションは何か
貧困のない社会をつくること

第２の質問　われわれの顧客は誰か
貧困に苦しむ底辺25％の人々

第３の質問　顧客にとっての価値は何か
仕事をして貧困から抜け出したい

第４の質問　われわれの成果は何か
借り手が貧困でなくなること

グラミン銀行は慈善団体ではない。利益を出すべく運営している御社と同じ一般の企業である。

では、御社の成果は何だろうか。

ドラッカー5つの質問　第4の質問
われわれの成果は何か

ビフォーアフターを明らかにする

成果は、ビフォーアフターで考えることもできる。

御社が事業としてお客様に関わる前と関わったあとで、何の違いも生まれないはずがない。必ず何らかの違いがそこに生まれるはずである。では具体的に何が違うのだろうか。ビフォーアフターだ。

先ほど紹介したグラミン銀行のビフォーアフターは次のとおりだ。

【ビフォー】

- 顧客は、仕事がなく、経済的に自立できない
- 顧客は、家もなく、屋根があっても雨をしのげない
- 顧客には、衛生的に安心して使えるトイレがない
- 顧客は、衛生的な水が飲めない
- 顧客の、就学年齢に達した子供は学校に通えない
- 顧客の、家族全員はいつ食事をできるかわからない
- 顧客は、健康診断を受けたことがない

【アフター】

- 顧客が、小さなビジネスを開始し、経済的に自立する
- 顧客が、雨をしのげる屋根のある家をもつ
- 顧客が、衛生的なトイレを利用できる
- 顧客が、井戸から汲んだ水（衛生的な水）を飲む
- 顧客の、就学年齢に達した子供は全員学校に通う
- 顧客の、家族全員が1日3回の食事をする
- 顧客は、定期的に健康診断を受ける

Question

われわれのビフォーアフターは何か

【ビフォー】

・顧客が、

・顧客が、

・顧客が、

【アフター】

・顧客は、

・顧客が、

・顧客が、

何を成果とし、どんな変化を見ているのか。その内容が部下の関心と行動を決定づける。

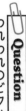

たとえば、上司に、「今月は何を売ったのか？」「今月はいくら売上を上げたのか？」と聞かれ続ければ、部下の頭の中は売上だけになる。企業理念もミッションも記憶にとどまるだけのものとなり、日常の仕事と切り離されたものとなる。

一方、上司から「今月はミッションをどう実行したか？」「今月はどれくらいお客様に喜んでもらえたか？」と聞かれ続ければ、部下の頭の中は「ミッションの実行」と「お客様に喜んでもらうこと」でいっぱいになる。会社のミッションは日々の仕事として実行され、ミッションは部下の行動に定着している状態になる。ぜひ、上げるべき成果を明らかにし、その成果をはかっていく状態をつくり上げていただきたい。

Question

われわれは成果をどうはかっていくか

●御社の第4の質問までの内容を決定してください。

第1の質問　われわれのミッションは何か

第2の質問　われわれの顧客は誰か

第3の質問　顧客にとっての価値は何か

第4の質問　われわれの成果は何か

ここまで、「第1の質問　われわれのミッションは何か」で、何のための事業なのかを問いただし、ミッションを明らかにしてきた。「第2の質問　われわれの顧客は誰か」で、誰をお客様とすべきかを決めた。「第3の質問　顧客にとっての価値は何か」では、お客様にお応えするために何をやるべきかをはっきりさせた。「第4の質問　われわれの成果は何か」では、お客様に起こる良い結果を明らかにした。

ドラッカーはこう言っている。

「事業の定義は、目標に翻訳しなければならない。そのままではせっかくの定義も、決して実現されることのない洞察、よき意図、よき警告に終わる」（『マネジメント』）

事業の定義とは、これまで話し合って決めてきた第1の質問から第4の質問に対する答えのことだ。それらは、決めて終わるものではなく、日々の仕事に落とし込んでいかなければならない。そのままではせっかく考えてきたことは、絵に描いた餅で終わってしまう。

ここまでくるのに4カ月はかかる。ここまでくればしめたものだ。異論を表に出し、徹底的に話し合いを重ねてきたことによって、共通の考えをつくり出せるところまで来たからだ。

「ドラッカー5つの質問」は、思想ではなく、行動を決定するものだ。いよいよ行動を起こし、成果を上げる節目にきた。では、行動を決定するためにどうすればいいのか。

それは、次の章「第5の質問 われわれの計画は何か」でお伝えしたい。

第5の質問

われわれの計画は何か

現場は教科書どおりに動かない

これまで決めたことを「明確な目標」に落とし込んで実行に移そう。それが「第5の質問 われわれの計画は何か」である。

私が経営チームのリーダー役として、はじめて経営計画をつくった時のことだ。教科書どおりに経営計画をつくっても、現場は教科書どおり進まなかった。経営チームを結成して1年目に壁にぶつかり、大きな失敗をしでかした。当時の私はそんな現実に直面し、途方に暮れていた。私は「言うだけ番長」にすぎなかったのだ。もちろん社長に叱られた。そして社長から、「来期、同じ失敗をしたらリーダー役を降りろ」と言われた。

失敗を招いた本人である私は、どうしていいかわからなかった。経営チームのミーティングでも、日々の私の口調はきつくなっていった。それは自分に余裕がない表れだった。「マネジメントや合意形成など面倒なことはもうやめだ！ こうなったら、指示して強制的に現場を動かしたほうが話は早い！」そんな誘惑に駆られた。

建設は死闘、破壊は一瞬。その時、社長から教わった言葉が「岡目八目」である。岡目八目。囲碁は碁を打っている本人よりも、解説者のほうが状況を客観的につかめるため冷静な判断ができる。1本の木にとらわれず森全体を見渡すことができるからだ。岡目八目とはそんな意味が込められた言葉だ。

社長は私に「客観的に考えろ」と言いたかったのだ。私は社長の言葉を「自分の失敗を考えろ」という意味には考えず、「組織の活性を考えろ」という助言として受け止めた。私は真面目一徹にやってきたつもりだった。知らぬ間にどうしてこんな状況に陥ってしまったのか、当時はわからなかった。

ドラッカーはこう言っている。

「成果をあげるには、アクションプランを理解してもらい、情報ニーズを理解してもらわなくてはならない。特にアクションプランについては、上司、部下、同僚に示し、意見を聞いておかなければならない」（『経営者の条件』）

私は経営計画を立てただけで、経営計画の意図は誰にも伝わっていなかった。私は一方的だったのだ。成果を上げるために、経営計画の中身を理解してもらう仕事を怠っていた。誰がどんな情報を知りたいのかも理解できていなかった。社長の考えも、部下の考えも、チームのメンバーの考えも聞くことをしなかった。自分では気づけない自分の怠慢が露呈したのだった。

私は、立てた計画を発表すれば、現場はそれを実行してくれると思い込んでいた。浅はかだった。社長からこう言われた。

「心が通い合う話し合いがなければ、組織は団結しようがない。指示で組織全体を動かそうという考えそのものが部下へのリスペクトがない証拠だ。命令すれば人が動くという考えは傲慢も甚だしいぞ」

その言葉は、経絡秘孔を突く、とどめの一撃だった。

仕事は問題の解決より問題の発見が先にくる。うまくいっていない時は誰かをコントロールしようとしている。うまくいっている時は誰かにつくそうとしている。私は社員をコントロールしようとしていた。それが問題だった。

問題の解決は、私自身が社員の理解につくすことだった。事実、社員の理解につくそうとした瞬間から事態は好転しはじめた。

問題がわかりさえすれば、解決は簡単だ。常に難しいのは、問題の解決ではなく、問題の発見である。誰もが、「私は正しい。他の人が間違っている」と思いたい。しかし、間違っているのは、たいてい自分だ。

「立てた計画を知ってもらうこと」と「立てた計画を実行してもらうこと」はまったく違う。計画はこちらの意図が現場の隅々にまでしっかり伝わり、一人ひとりが「そのように進めていけばいいんだな」というところまで腹落ちしてこそ意味がある。

計画とは、人の意欲を引き出し、実行できる状態までもっていってはじめて完結するものだということを、私は自分の失敗からを学んだ。それは失敗しなければわからないことだった。成功は自己陶酔に陥ると何も学べないが、失敗は苦しむがゆえに多くのことを学べる。

組織のエネルギー

事業を成長させるために、会社として取り組まなければならない課題はあまりにも多い。事業面においては、マーケティング、イノベーション、戦略の策定、目標の設定、計画の立案、営業の推進。組織面においては、部門の編成、計画への理解、仕事の分担、責任と権限の明確化、会議体制や運営ルールの取り決め。人材面では、採用の計画、人員の移動、育成の制度、評価制度、給与体系、昇格制度などだ。

それらは1つひとつ異なる課題であると同時に、すべてが相互に関わり合いながら会社は動いている。何か1つをおろそかにすれば、組織の健康は損なわれ、事業は衰退に向かう。

具体的に言えば、マーケティングがなければお客様の求めているものがわからなくなり、イノベーションを怠れば他社に陳腐化させられる。責任と権限が曖昧であれば組織は混乱に陥る。採用がうまくいかなければ人材不足で悩まされ、育成の制度がなければ人は育たない。このように、どれか1つでも放っておくと、必ずあとになってそのつけが回ってくる。

組織のエネルギーが、自動的に成果が上がる方向に向かってくれるわけではない。

そもそも、「ドラッカー5つの質問」の狙いは何だったか。

ドラッカーはこう言っている。

「その狙いは、組織のエネルギーと資源を正しい領域に集中することである。したがって、検討の結果もたらされるべきものは、具体的な目標、期限、担当を含む実行計画である」（『マネジメント』）

われわれの事業はどうあるべきかを問うことによってもたらされるものは、組織が本来もつ力を成果が上がる針路に方向づけ、誰が、いつまでに、何を成し遂げるのか見える形にする、ということだ。

社長が思い描く夢や目標

経営には計画が絶対に必要だ。成り行き任せで事業がうまくいくはずがないからだ。計画を立てるということは目標を立てるということである。目標とは目指すべき旗印のことだ。

いま御社はどんな状況に身を置き、どんな将来を思い描いているのだろうか。

私は社長からそんな夢や展望を聞かせていただくことが好きだ。仕事柄、多くの企業から経営計画を見せていただくことが多い。経営計画書の表紙をめくると、たいてい1ページ目には、「経営理念、ミッション、ビジョン」が書かれている。2ページ目に進むと売上目標が書かれている。その売上目標が「経営理念、ミッション、ビジョン」と何がどうつながっているのかは書かれていない。「経営理念、ミッション、ビジョン」はお飾りになっていて、売上を上げることそのものが事業の目的にすりかわっている。

具体的なアクションにも「経営理念、ミッション、ビジョン」に基づくものは書かれていない。それでは成果は上がらない。事業が成果を上げるためにはどうすればいいのか。

ドラッカーはこう言っている。

「事業が成果をあげるには、一つひとつの仕事を事業全体の目標に向けなければならない。仕事は全体の成功に焦点を合わされなければならない」（『マネジメント』）

一人ひとりの仕事、1つひとつの部署が「わが社が実現することはこれだ！」という会社全体の目標に向いている状態をつくり上げなければならない、ということだ。

心から達成したい目標

社長は期の終わりになると、その期を振り返り、「よし、来期は今期と違うものにしよう」と決意を新たにする。そして、社員に、「来期は前期を上回る業績を上げよう」と伝える。

しかし、社員はその計画書を見ても、「どんな思いが込められた計画なのか」「どんな考えに基づいて立てた計画なのか」「どんなことを達成しようとしている計画なのか」わからない。ゆえに、「何を変えればいいか」「何を新たにはじめればいいか」「何をどう工夫すればいいか」がわからない。社員にしてみれば、「前期と何が違うんだろう」「でも上は何か変えたいみたいだな」「計画は売上目標の額が吊り上がっただけで、何も変わっていないよな」としか思えない。

これが、数字だけの目標で起こることだ。

「わが社の経営計画は管理部長がすべてやっています」「うちは経営企画部の部長が社長の考えを資料にまとめています」

経営計画についてそんな声を聞くことがある。「仏つくって魂入れず」だ。経営計画が機械的な仕事でつくられ、形式的なものになってしまうのはとても悲しい。

ドラッカーはこう言っている。

「意思決定は、機械的な仕事ではない。リスクを伴う仕事である。それは判断力への挑戦である。意思決定とは知的な遊戯ではない。行動し、成果をあげるために、ビジョン、エネルギーを総動員することである」（『マネジメント』）

計画をつくるということは、目指すべき旗印をはっきり打ち立てるということだ。それは、リスクとのせめぎ合いであり、事業上の高度な判断である。

計画は、経営チーム全員が計画をつくる過程に関わることに意味がある。会社の命運を担っているのは経営チームであり、その実行を指揮するのも経営チームのメンバーだからだ。

「われわれの計画は何か」は、社長をはじめ経営チームのメンバー全員が「われわれが達成したいことはこれだ！」と言えるものを決めるということだ。

決定を実りあるものにする方法

人は誰かが考えた目標を自分の目標と思わない。誰かが勝手に決めた目標は自分の目標とは思えない。もちろん部下は社長から命令されれば、「はい、わかりました」と言ってくれる。だからと言って、その目標が本人にとって、心から達成したい目標かというと話は別だ。

社員は次の期も前期と同じことを同じようにやり続けることになる。そして来期は今期と何も変わらない。結果、期の終わった時にわかるのは、売上目標が達成できたかできなかったかということだけだ。状況の変化に右往左往し、数字の結果に一喜一憂するだけとなってしまう。

では、どうすればいいのだろうか。

ドラッカーはこう言っている。

「決定を実りあるものにする方法は一つしかない。八つの領域それぞれにおいて、測定すべきものを決定することである」（『現代の経営』）

8つの領域とは、事業の存続と繁栄に関わる8つのことである。

第1の質問から第4の質問に対する回答を決めただけでは何も起こらない。成果は実行してこそ生まれる。実行するために、事業の存続と繁栄に関わる8つの領域において目標を決めていこう。その8つの領域とは、経営計画をつくる時に決めなければならない8つの分野における目標のことである。

経営計画の8つの分野における目標

毎年、事業の存続と繁栄に関わる8つの領域で目標を立て、目標達成に向けて実行し、その達成度合を検証しながら、経営チームで具体的な手を打っていく。これが、経営の一連の流れとなる。

事業の存続と繁栄に関わる8つの領域の概要については、前作『新版 ドラッカーが教える最強の経営チームのつくり方』（同友館）と重複しないように、本書では決定すべきポイントをお伝えするにとどめる。御社が経営計画をつくる際の「虎の巻」として役立てていただければと思う。

では、8つの領域で経営目標として決定すべきポイントをお伝えしよう。

1 マーケティングの目標項目

なぜ、マーケティングの目標が必要なのか。ドラッカーはこう言っている。

「『事業は、顧客を創造することができなければならない。したがって、マーケティングについて目標が必要である。』マーケティングの目標は一つではない。複数存在する」（『マネジメント』）

立てる目標項目は次のとおりだ。

(1)既存の市場における既存の製品についての目標
(2)既存の製品の廃棄についての目標
(3)既存の市場における新製品についての目標
(4)新しい市場についての目標
(5)流通チャネルについての目標
(6)アフターサービスについての目標
(7)信用供与についての目標

2 イノベーションの目標項目

なぜ、イノベーションの目標が必要なのか。ドラッカーはこう言っている。

「事業は、イノベーションすることができなければならない。さもなければ、誰かに陳腐化させられる。したがって、イノベーションについての目標が必要である」(『マネジメント』)

立てる目標項目は次のとおりだ。

(1)廃棄によって生まれた時間に充当する新しい製品・サービスは何か
(2)技術変化に備えるために必要な新製品・サービスは何か
(3)技術変化に備えるために必要な製品改良は何か
(4)新しい工程や活動、ならびに旧来の工程や活動の改良は何か

次に必要なのは、それぞれの経営資源の目標である。なぜ経営資源の目標が必要なのか。ドラッカーはこう言っている。

「あらゆる事業が経済学のいう三つの生産要素、人、金、物に依存している。したがって、それらのものの獲得と利用についての目標が必要である」(『マネジメント』)

3 人的資源の目標項目

立てる目標項目は次のとおりだ。
(1)必要な人材を惹きつけるには、彼らの仕事をどのようなものにする必要があるか
(2)必要な人材にとどまってもらうには、彼らの仕事をどのようなものにする必要があるか
(3)仕事の市場にはどのような人たちがいるか。彼らの関心を惹くにはどうしたらよいか

4 経済的資源の目標項目

立てる目標項目は次のとおりだ。
(1)資金をいかに調達するか
(2)資金をいかに有効に活用するか
(3)資金計画をいかなるものにするか

5 物的資源の目標項目

立てる目標項目は次のとおりだ。

(1)原材料、部品、製品及び情報の入手、また、お取引先、パートナー、協力者や人脈の開拓のために何をすべきか
(2)原材料、部品、製品、情報等の有効活用、また、お取引先、パートナー、協力者や人脈に何をし、何を依頼すべきか
(3)原材料、部品、製品の質の向上、情報拡大、また、お取引先、パートナー、協力者や人脈と良好な関係を深めるために何をすべきか

6 生産性の目標項目

なぜ、生産性を向上させる目標が必要なのか。ドラッカーはこう言っている。

「事業が発展を続けるには、生産性を向上させていかなければならない。したがって、生産性の目標が必要である」（『マネジメント』）

立てる目標項目は次のとおりだ。

(1)総収入に対する付加価値の割合
(2)付加価値における利益の割合

7 社会的責任の目標項目

なぜ、社会的責任の目標が必要なのか。ドラッカーはこう言っている。

「事業が社会の中に存在する以上、社会的責任を果たさなければならない」(『マネジメント』)

立てる目標項目は次のとおりだ。

(1)自分たちの行っていることが社会に対して、悪い影響となったり、環境に負担をかけていたりすることはないか。もしあれば、それを軽減するにはどうするか
(2)自分たちの専門性や、もてる資源によって社会に貢献できることは何か

8 売上と利益

立てる目標項目は次のとおりだ。

(1)事業の継続に伴うリスクをカバーする
(2)雇用を創出する
(3)イノベーションを行い経済発展の担い手となる

「計画を立てたが、立てた計画だけで実行しているかどうかわからない」。時折、そんな声を聞く。

ドラッカーはこう言っている。

「プランだけでは仕事は行われない。方針だけでも行われない。仕事として行ってはじめて行われる」(『非営利組織の経営』)

経営チームで責任を分担し、目標がそれぞれの部署が担う仕事に置き換えられてこそ計画は実行される。ぜひ、事業全体の目標を、具体的に一人ひとりの仕事に落とし込んでいっていただきたい。

事業を成長させるための取り組み

重要な仕事であればあるほど、1つの部署だけでは行えない。

商品開発を担う開発部は、開発力だけで商品開発は行えない。お客様に喜ばれる商品を開発するためには、お客様が望んでいる情報が必要だ。お客様のことをよく知る営業部から情報を供給してもらわなければならない。

採用を担当する人事部は、面接のやり方を心得ているだけでは採用は行えない。わが社に必要なのはどんな人材かをトップマネジメントに決定してもらわなければならない。必要のない人を勝手に採用するわけにいかないからだ。また、研修担当の人間は、研修の種類を知っているからといって研修内容を勝手に決めるわけにはいかない。

わが社に必要なスキルは何かをトップマネジメントに明示してもらわなければならない。

このように、会社には組織横断で取り組まなければならない仕事が多くある。立てた計画を実行するためには、「組織横断で取り組むことはこれとこれだ」と明確にして、分担すべき仕事をはっきりさせなければならない。

組織の中心に位置づける重要な取り組みを基幹活動と呼ぶ。では、基幹活動をどう決めればいいのだろうか。

ドラッカーはこう言っている。


「組織の基幹活動を明らかにするものは、これら三つの問いである」(『マネジメント』)

組織横断で取り組まなければ進められない重要な取り組みは、次の3つの視点で考えればいい。

(1) 組織の目的を達成するには、いかなる活動が重要となるか

インターネットの普及によって、世界中の情報を即時入手できるようになって久しい。いまやほとんどの業種がインターネットの恩恵によって機会と脅威の両方を得ている。

不動産の業界は、インターネットを使って多くの潜在顧客に情報を発信できる一方、物件情報を提供する営業マンにとっては脅威でもある。

また、日本にいながら世界中のホテルにアクセスして部屋の空き状況を確認し、予約までできるようになった。旅行を主たる事業とする株式会社エイチ・アイ・エスは1996年、お客様に高度なサービスを提供するために、最新の情報をリアルタイムに発信する情報産業に転じた。良い情報をどれだけリアルタイムに掲載できるかが業績の良し悪しを決める。何を組織運営の中心に位置づけるかによって事業の成功が決まるのだ。

組織の目的を達成するには、どんな活動が重要となるか。当時の株式会社エイチ・アイ・エスは「情報を更新するという取り組み」がきわめて重要だった。

御社にとっては、どのような活動が重要となるだろうか。

Question

組織の目的を達成するには、いかなる活動が重要となるか

(2) いかなる分野において成果が上がらない時、深刻な打撃となるか

ユニクロは以前、スポーツウェアメーカーに委託してつくっていた商品がよく売れていた。また、婦人服や子供服もよく売れるようになっていた。

1997年、柳井会長はスポーツカジュアルとファミリーカジュアルを専門に扱う新しい業態をつくろうと考えた。ファミリーカジュアル専門の店を「ファミクロ」とし、スポーツカジュアル専門の店を「スポクロ」とし、それぞれ9店舗ずつ出店した。

しかし、売上は伸びず1年たたずに、その業態から撤退した。

「スポクロ」にはスポーツカジュアルしか置いていない。「ファミクロ」にはファミリーカジュアルしか置いていない。「スポクロ」に来たお客様も、「ファミクロ」に来

たお客様も、ユニクロ店に置いてある商品もほしかった。専門店をつくった結果、お客様は1カ所ですむところを、3カ所の店に行かなければならなくなってしまった。「買いやすさ」という点で、お客様に不便が生じた。それが失敗の原因だった。

いかなる分野において成果が上がらない時、深刻な打撃をなるか。当時のユニクロは、「買いやすさ」という分野において成果が上がらなかったため、深刻な打撃を招いてしまった。

では、御社はいかなる分野において成果が上がらない時、深刻な打撃となるだろうか。

Question

いかなる分野において成果が上がらない時、深刻な打撃となるか

(3) わが社にとって重要な価値は何か

価値観とは、「根底にある物事の基本的な考え方」のことだ。はっきりとした価値観を組織運営の真ん中に置かなければならない。たとえば、食品を扱う事業は「安全性」が重要であり、高級ブランドを扱う事業は「品質の高さ」であり、ホテルであれば「お客様に対するサービスの良さ」だ。

"Think different" これは2000年にアップルに復帰したスティーブ・ジョブズが、その言葉を広告で展開することによって、社内に浸透させようとした価値観だ。"Think different" をそのまま訳せば「違うことを考えよう」という意味だが、その言葉に込められた真意は、「誰の真似もしない、新しいものを創り出す」ということだろう。

わが社にとって重要な価値は何か。当時のアップルにとって重要な価値観は「誰の真似もしない、新しいものを創り出す!」というものだった。

では、御社にとって重要な価値は何だろうか。

Question

わが社にとって重要な価値は何か

以上、３つのことを経営チームで話し合えば、部署を飛び越え、全社をあげて取り組まなければならない具体的な取り組みが浮かび上がる。

理解できない苦境に立たされる

成功したかに思われたその時、理解できない苦境に立たされる——。

私は以前いた会社でそんな状況に陥った。なぜどうなってしまったのか。

ドラッカーはこう言っている。

「まさに確立した事業として成功し、成人したかに思われたそのとき、理解できない苦境に立たされる。製品は一流、見通しも明るい。しかし事業は成長しない。（中略）原因は常に同じである。トップマネジメント・チームの欠如である。企業の成長がトップ一人でマネジメントできる限界を超えてしまった結果である。実際には、そのときすでに適切なチームがなければ手遅れである。（中略）対策は簡単である。トップマネジメント・チームを前もって構築しておくことである」（『経営の真髄』）

ここでドラッカーが言うトップマネジメント・チームとは、経営チームのことだ。以前いた会社で、ドラッカーの言葉どおりのことが起こった。つらく、苦い経験だった。事業の停滞は防げたはずだった。しかし、事業の停滞を防ぐことはできなかった。私はそんな経験から、〝経営チームを前もって構築してほしい〟という想いで、「ドラッカー5つの質問」研修を行っている。本書ではその一部をお伝えしている。詳細が必要な際は、ご連絡いただければ幸いである。

仕事柄、お客様から必ず聞かれるのが、「山下さんの『ドラッカー5つの質問』の答えは何ですか？」という質問だ。私はいつも、次のようにお答えしている。

第1の質問　われわれのミッションは何か
経営チームをつくること

第2の質問　われわれの顧客は誰か
事業の成長が社長一人で仕切れる限界を超えた企業様

第3の質問　顧客にとって価値は何か
前もって経営チームを構築したい

第4の質問　われわれの成果は何か
御社の経営がチームで行われている状態になること

第5の質問　われわれの計画は何か
この章でお伝えした8つの目標

社長、それはＰＤＣＡではありません

イェール大学の教授でエドワーズ・デミングという統計学者がいた。ドラッカーの後輩である彼は、日本の企業にＰＤＣＡを教えた。ＰＤＣＡは、「機械で造った製品の品質管理法」である。そして、マネジメント＝ＰＤＣＡという間違った認識が生まれた。マネジメントの父ドラッカーの著作の中にＰＤＣＡという言葉はどこにも出てこない。「社長、マネジメントはＰＤＣＡではありません。マネジメントは人の強みを生かし弱みを意味のないものにすることです」と強く申し上げたい。

機械は風邪を引くことはない。人間は調子のいい時もあれば悪い時もある。機械は人間のように働かないし、人間も機械のように働かない。ＰＤＣＡは人間の仕事を対象にしたものには適さない。ＰＤＣＡで機械は壊れないが人間は壊れてしまう。これは、前作『日本に来たドラッカー 初来日編』（同友館）でも触れたが、重要なことなので、その一部を紹介させていただいた。

私はＰＤＣＡそのものを否定しない。ＰＤＣＡは前述したとおり、「機械で造った製品の品質管理法」に役立つ。

一方、経営者の仕事にＰＤＣＡは適さない。経営者の仕事は、事業を通じて社会に貢献することであり、会社の明日をつくることだからだ。経営者の仕事は、「ある見解から導きだされる見解を明らかにすること」ではなく、「事業の存続と繁栄にかかわる意思決定」である。

お客様にさらにお応えし、事業をさらに成長させ、組織をさらに発展させていくために、社長をはじめ経営チームの方々に、次の６つのことをおすすめしたい。

マネジメント上の６つのルール

人間なくして理論が先行することはない。どんなに優れた知識でも、それを実行するのは人間だ。社長の意思なくして経営の骨はなく、取締役の献身なくして経営の肉はない。そして、経営チームの結束なくして、「ドラッカー５つの質問」はあり得ない。

計画を指揮するのは社長であり、計画を推進するのは経営チームだ。そして、計画を実行するのは現場の社員である。どんなにいい経営計画をつくっても、最後は人間に帰着する。社長に帰着する。

ドラッカーは、「大統領のための6つのルール」を記した。大統領の職に就いた人であっても、力を発揮できた人とできなかった人がいる。その違いはどこにあるのだろうか。

ドラッカーはこう言っている。

「弱い大統領であっても、マネジメント上の六つのルールを守る限りは非常な力を発揮することができた。逆にいかに強い大統領であっても、それらのルールを守らなければ力を発揮することができなかった」(『未来への決断』)

大統領の仕事は、世界のリーダーとして国民の安全を確保し、国を繁栄させる仕事である。社長の仕事も、社会のリーダーとして、お客様にお応えし、会社を繁栄させせる仕事だ。

一国の命運を担う仕事と会社の将来を担う仕事、そのスケールこそ違っても、厳しい環境に置かれたなかでリーダーシップを発揮しなければならない。その職性の本質は大きく違わない。

ドラッカーが記した「大統領のための6つのルール」から学べることはあまりにも深い。私は経営チームのリーダー役を務めていた時、「大統領のための6つのルール」から大統領という文字を消したものを自分の机に貼っていた。自分の成長を願い、ドラッカーが言う「マネジメント上の6つのルール」を守れば、力を発揮することができるのではないかと考えたからだ。

その6つのルールをお伝えしたい。

第1のルール 「何を行わなければならないかを考える」

「私は成果を上げることはできなかったが約束は守った」という言葉ほど情けないものはない。それはただの言い訳にすぎないからだ。「私は約束を変更したが成果を上げることができた」と言えたほうがずっといい。

1945年に大統領に就任したトルーマンは、選挙戦で約束したことは「国内の経済を改革すること」だった。しかし、大統領就任後、自分のやるべきことは「国外のトップと交流すること」だと考えを改めた。

トルーマンは「自分のやりたい仕事」に引っ張られず「自分のやるべき仕事」を選ぶ能力があった。その結果、彼は約束を変更したが外交についてアメリカ史上最高の成果を上げた。

経営者の必須要件は、「上げるべき成果は何か」を考え抜くことだ。

今あなたが上げるべき成果は何だろうか。

第2のルール 「集中せよ、二兎を追うなかれ」

1980年代、アメリカの失業率が上昇した。そんななか、大統領に就任したレーガンは雇用を増やす政策に全力をあげた。とにもかくにも雇用を増やすことに集中した。

その結果、彼は史上最高の雇用拡大の基礎をつくった。レーガン大統領が大きな成果を上げることができたのは、あれもこれも手を出さずに、重要な1つのことに集中したからだ。経営者もあれもこれも手を出してはいけない。二兎を追えば一兎も捕まえられない。

経営者は成果を上げるために、本当に重要な仕事に集中することだ。

いまあなたが集中すべき重要な仕事は何だろうか。

第3のルール「常識を疑う」

失敗はある日突然には起こらない。取るに足らないかのように見える小さな事象の積み重ねによって、失敗という結果に至る。注意を払っていないところに問題は隠れている。現状に慣れてしまい、問題を問題と気づけなくなるところに、失敗の要因が蓄積されていく。ずっと前のことに「なぜ」をつけて考えることで問題が見えてくる。

経営者は、誰も問題にしないことを問題として取り上げることだ。

いまあなたの組織で、誰も問題にしていない問題は何だろうか。

第4のルール「細かいことに手出しをしない」

大統領は現場から遠く離れたところに身を置き、部下の報告によって情報を得ている。細かいことまで自分で把握して、細かいことまで決定を下すことはできない。ルーズベルト大統領は、常にこう言っていた。

「決定は私がする。しかし、どうやるかは部下に任せる。方法にまで口出しはしない」

つい自分が関わらなくてもいい仕事にまで首を突っ込み、自分がやらなくてもいい仕事にまで手を出してしまう。何から何まで把握して、何から何まで自分で決めようとすれば失敗をしてしまう。

経営者は、決定は自分が行うとしてもやり方は部下に任せることだ。

いまあなたが部下に任せるべきものは何だろうか。

第5のルール「政権に友人を入れてはならない」

政権内に友人や知人を入れた大統領はみんな後悔するはめになっている。政権の中に、大統領と特別親しい人がいると政権はおかしくなる。大統領に助言すべき役割をもつ閣僚は、大統領と親しい人に逆らえなくなりイエスマンになるか、または、仲間割れが起きるからだ。そして、「成果を上げること」より「もめないこと」が優先され、仕事がおろそかになる。

同じように、経営チームの中に、社長と特別親しい人がいれば、力を合わせて働く人たちの人間関係は壊れる。

経営者は、特別親しい人を自分の傍に置かないことだ。

いまあなたは自分と特別親しい人を近くに置いていないだろうか。

第6のルール「キャンペーンをしない」

キャンペーンをやめよ。これは、大統領を経験したハリー・トルーマンが、大統領に就任したばかりのケネディに言ったアドバイスだ。キャンペーンとは、ある期間に、ある切り口で、自分を売り込む宣伝活動のことだ。「大統領になるための仕事」と「大統領の職務を果たす仕事」は違う。トルーマンのアドバイスは、大統領に就任した以上、自分の人気取りを目的とした発言と行動をやめて、国のため、国民のために働け、というものだった。

同じように経営者も、自分の人気取りを目的とした発言と行動に陥ることなく、お客様のため、会社のために働かなくてはならない。自分はいい人であると思われようとするのは単なる弱さだ。果たさなければならない責任ある立場に立てば、自分はいい人であると思われようとする発想にはならないはずだ。

経営者は「いい人キャンペーン」をしないことだ。

いまあなたは自分がいい人と思われようとすることをしていないだろうか。

以上が、自分の力を発揮するために必要な「マネジメント上の6つのルール」だ。ドラッカーは、「マネジメントは物事を正しく行う事で、リーダーシップとは正しい事をすることである」と言った。

リーダーシップに役職や立場は関係ない。リーダーとは「リードする人」のことで、シップとは「振る舞い」を意味する言葉だ。人の協力を引き出し、価値を生み出せる人こそがリーダーだ。その人は組織に活性をもたらす。

ドラッカーの著作に乱気流という言葉がよく登場する。乱気流とは、「風の速さ、風の向きが急激かつ不規則に変わる大気中の気流の乱れ」のことだ。乱気流と飛行機は切っても切れない関係にある。それは、経営環境と企業が切れない関係にあるのと似ている。現在の経営環境は常に乱気流だ。会社の未来は、社長がどこに向かってリードし、どう振る舞うかで決まる。

社会は変わっていく。すでに経験によって培った勘とセンスは通用しない。事業の成長は、経営者が経営に向き合うかどうかにかかっている。

最後にドラッカーの言葉を紹介して終わりたい。

「賢くあろうとするな。真面目であれ」

あとがき

創業時の社長は、営業マンと経理を兼任する商売人だ。やがてお客様が増え、行商が仕組みに変わり、事業が軌道に乗る。社長が商売人から経営者に変わる時にすべきことが、「ドラッカー5つの質問」である。仕事の内容が「自分で成果を上げること」から「組織を通じて成果を上げること」に変わるからだ。2代目、3代目以降の社長は、事業を新しい次元に進化させることが主たる仕事になる。すでに事業は陳腐化しているからだ。事業を変革させるためにすべきことが、「ドラッカー5つの質問」である。

ドラッカーはこう言っている。

「この問いを怠るとき、直ちに、事業の急速な衰退がやって来る」（『現代の経営』）

経営者が永遠に取り組み続けるものこそ、「ドラッカー5つの質問」である。

山下　淳一郎

参考文献

本書執筆にあたり、以下の著作を参考にし、一部を引用しました。

『現代の経営』（ドラッカー著　上田惇生訳）ダイヤモンド社
『断絶の時代』（ドラッカー著　上田惇生訳）ダイヤモンド社
『マネジメント』（ドラッカー著　上田惇生訳）ダイヤモンド社
『新しい現実』（ドラッカー著　上田惇生訳）ダイヤモンド社
『P・F・ドラッカー』（E・H・イーダスハイム著　上田惇生訳）ダイヤモンド社
『非営利組織の経営』（ドラッカー著　上田惇生訳）ダイヤモンド社
『創造する経営者』（ドラッカー著　上田惇生訳）ダイヤモンド社
『未来への決断』（ドラッカー著　上田惇生訳）ダイヤモンド社
『ポスト資本主義社会』（ドラッカー著　上田惇生訳）ダイヤモンド社
『経営の真髄』（ドラッカー著　マチャレロ編集　上田惇生訳）ダイヤモンド社
『ドラッカー　日本への言葉』（望月護著　竹村健一監修）祥伝社
『HIS 机二つ、電話一本からの冒険』（澤田秀雄著）日経ビジネス人文庫

著者紹介

山下淳一郎（やました・じゅんいちろう）

ドラッカー専門のマネジメントコンサルタント
トップマネジメント株式会社 代表取締役。
東京都渋谷区出身。外資系コンサルティング会社勤務時、企業向けにドラッカー理論を実践する支援を行う。中小企業役員と上場企業役員を経て、ドラッカーの理論に基づく経営チームのコンサルティングを行うトップマネジメント株式会社を設立。現在は、上場企業に「後継者育成のためのドラッカーの役員研修」「経営チーム向けにドラッカーのトップマネジメントチームプログラム」「管理職向けにドラッカーのマネジメント研修」を行っている。
著書に『日本に来たドラッカー 初来日編』（同友館）、『新版　ドラッカーが教える最強の経営チームのつくり方』（同友館）。

●トップマネジメント株式会社
ドラッカー理論に基づいた経営チームコンサルティングファーム。

年商100億から2000億の上場企業のCEO（最高経営責任者）に、トップマネジメントチームの構築、トップマネジメント人材育成の支援を行っている。

〈公式URL〉http://topmanagement.co.jp/

ドラッカー5つの質問《しつもん》　〈検印省略〉

2017年　12　月　30　日　第　1　刷発行
2023年　5　月　4　日　第　4　刷発行

著　者――山下　淳一郎（やました・じゅんいちろう）
発行者――田賀井　弘毅

発行所――株式会社あさ出版
〒171-0022　東京都豊島区南池袋 2-9-9 第一池袋ホワイトビル 6F
電　話　03 (3983) 3225（販売）
　　　　03 (3983) 3227（編集）
F A X　03 (3983) 3226
U R L　http://www.asa21.com/
E-mail　info@asa21.com

印刷・製本（株）ベルツ

note　http://note.com/asapublishing
facebook　http://www.facebook.com/asapublishing
twitter　http://twitter.com/asapublishing

ISBN978-4-86667-039-3 C2034

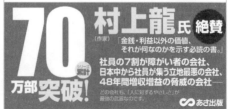